典故里的中国史

（春秋篇）

武宗义　著

新世界出版社
NEW WORLD PRESS

图书在版编目（CIP）数据

典故里的中国史. 春秋篇 / 武宗义著. -- 北京：新世界出版社，2024.2
ISBN 978-7-5104-7665-5

Ⅰ. ①典… Ⅱ. ①武… Ⅲ. ①中国历史—春秋时代—通俗读物 Ⅳ. ①K225.09

中国国家版本馆CIP数据核字（2024）第001298号

典故里的中国史（春秋篇）

作　　者：武宗义
责任编辑：张晓翠
责任校对：宣　慧　张杰楠
责任印制：王宝根
出版发行：新世界出版社
网　　址：http://www.nwp.com.cn
社　　址：北京西城区百万庄大街24号（100037）
发 行 部：（010）6899 5968（电话）　（010）6899 0635（电话）
总 编 室：（010）6899 5424（电话）　（010）6832 6679（传真）
版 权 部：+8610 6899 6306（电话）　nwpcd@sina.com（电邮）
印　　刷：三河市中晟雅豪印务有限公司
经　　销：新华书店
开　　本：710mm×1000mm　1/16　尺寸：165mm×230mm
字　　数：197千字　印张：16.5
版　　次：2024年2月第1版　2024年2月第1次印刷
书　　号：ISBN 978-7-5104-7665-5
定　　价：48.00元

前言

衷心感谢中国外文局新世界出版社出版这本《典故里的中国史（春秋篇）》。

所谓典故，本意指典制和掌故。语出《后汉书·东平宪王苍传》："亲屈至尊，降礼下臣，每赐宴见，辄兴席改容，中宫亲拜，事过典故。"而今时过境迁，典故一词含义已更加丰富，最通用的解释是"诗文中引用的古代故事和有来历出处的词语"，而成语在典故中占了相当大的比例。

本书所选的63个成语出自《左传》《史记》等典籍，以时间为主线，以人带事，讲述这些成语典故的来历及背后的精彩故事，一些章节笔者也依循"羽翼信史而不违"的原则进行了合情理的"演绎"。

成语典故是中国传统文化的一大特色，也是中华语言文化中一颗璀璨的明珠。

成语典故究其来源一般有：（1）历史故事概括，如卧薪尝胆；（2）寓言故事总结，如刻舟求剑；（3）古人或者古书名句，如外强中干、举一反三。还有的则是近现代出现的词汇，如百花齐放。

成语典故言简而意赅，读来朗朗上口，令人齿颊生香，运用得当，增色良多。但不可否认的是，很多成语由于年代久远，我们现代人虽然一直在用，但不免知其然而不知其所以然，甚至完全理解错误，比如很多人就把“差强人意”当成了不满意的意思。

孟子有言“知人论世”，我们学习运用成语，除了明了其基本的含义外，也应当对其出处及演化有所了解，以免误用而令人贻笑大方。

我们常说文化是一个民族的灵魂。我们华夏民族之所以被称为“衣冠上国、礼仪之邦”，就是因为我们有着悠久而璀璨的中华文明，有着相沿成习的一整套完备的法律制度和道德规范（国之四维，礼义廉耻）。

大浪淘沙，沧海桑田。这些文明因子经过岁月的洗礼和沉淀，逐渐牢牢根植于国人的灵魂深处，成为国人重要的精神支柱和信仰，虽饱经沧桑忧患，却一次次涅槃重生，生生不息，源远流长。比如，父母从小就教育孩子要有大有小、有老有少，实际上就是儒家倡导的“亲疏有别、尊卑有序”。“己所不欲，勿施于人”，则是从私德上要求一个人要有起码的生活与交际准则。“仁义礼智信”，是一个社会或者团体健康运行的起码的道德规范。“善恶有报”则告诫人们必须有敬畏、知进退，等等。

然而由于种种原因，近代以来，传统文化在中国大地被妖魔化、污名化，有的人甚至连起码的国学常识都没有，却一听到传统文化就冷嘲热讽，甚至骂骂咧咧。所谓数典忘祖，莫此为甚。比如，我们号称华夏民族，何所据而云然？《春秋左传正义》有云：“中国有礼仪之大，故称夏；有服章之美，谓之华。”

还有，所谓的礼仪之邦到底是什么意思？是不是很多人以为的很有礼貌？究其实，礼指国家的制度，仪指国家的法制。礼仪之邦是指有先进政治制度和法律的国家。这一“规则”早在西周就已经成形，所谓“出礼入刑”者也。

朋友们可以看到，在上面的段落中，笔者自然而然地运用了许多成语，这些成语背后有着很多有趣的故事和灵魂，这就是我们中华文明的根基和资本。

中华文明，纵向来看，以先秦经典及诸子学说为根基，涵盖两汉经学、魏晋玄学、隋唐佛学、宋明理学和同时期的汉赋、六朝骈文、唐宋诗词、元曲、明清小说与历代史学等整套独特而完整的文化、学术体系；横向而言，则包括中国古代的思想、哲学、历史、地理、政治、经济，旁及书画、音乐、术数、医学、星相、建筑等诸多方面。可谓源远流长、蔚为大观。可惜的是，本书讲述的典故难免会有谬误。一念至此，不禁惶恐，故请各位多多批评指正，多多海涵。

是为序。

武宗义

2022年7月9日

目录

1
春秋笔法有“春秋”
春秋笔法

从古至今最会“骂”人的是“成《春秋》而乱臣贼子惧”的大成至圣先师孔老夫子。

孔子发火的时候，颇有山东人的耿直，有时甚至会爆粗口。比如，他的学生宰予白天睡觉，孔子当即骂道：“朽木不可雕也，粪土之墙不可圬也！于予与何诛？”一个老师竟然骂自己的学生为烂木头、脏泥巴墙。问题是，就是这样伤人自尊的话，因为出自孔子之口，也被后学恭恭敬敬刻进了儒家经典《论语》中，千百年来被无数的人一遍遍地诵读、注释。

孔老夫子骂人的能耐集中体现在传世史书《春秋》里面。

《春秋》用于记事的语言极为简练，但几乎每个词句都暗含褒贬之意，这就是后人所说的“春秋笔法”“微言大义”和“皮里阳秋”。

据《史记·孔子世家》记载和史家考证，孔子有感于当时周王朝式微，礼崩乐坏、诸侯争霸和生灵涂炭，为推行“仁政”，从五十五岁起，带着弟子们周游列国，游说诸侯，以实现“修身、齐家、治国、平天下”的政治夙愿。不料，这一走就是十三年。其间，由于遭遇战乱和权臣排挤等因素，孔子不仅有饥寒交迫的经历（《孔子家语·在厄》：孔子厄于陈、蔡，从者七日不食），有几次甚至差点丧命。而最令孔子伤心的是自己的政治主张始终得不到施行，眼看自己年事已高，最终还是走上了回家的路。

难能可贵的是，回家之后的孔子并没有一蹶不振，而是开始著书立说。《史记·孔子世家》："子曰：弗乎！弗乎！君子病没世而名不称焉。吾道不行矣，吾何以自见于后世哉？"乃作《春秋》，上从鲁隐公元年（公元前722年），一直写到鲁哀公十四年（公元前481年），其间共十二公。该书以鲁国为记叙的中心，尊周王室为正统，参照了殷商的旧制，推而上承三代的法统（据鲁，亲周，故殷，运之三代），"约其文辞而指博（言简意赅）……推此类，以绳当世贬损之义，后有王者而开之"。《春秋》之义行，则天下乱臣贼子惧焉……弟子受《春秋》，孔子曰："知我罪我，其惟春秋（后世知丘者以《春秋》，而罪丘者亦以《春秋》）。"

鲁哀公十六年（公元前479年）四月己丑日，七十三岁的孔子以布衣卒。葬鲁城北泗上，弟子皆服丧三年。

孔子死后，越来越多的君王逐渐发现了孔子及其思想的价值，以至于后来到汉武帝时期"罢黜百家，独尊儒术"。统治阶级在看到儒家思想在统御兆民中的重要作用后，不吝对孔子及其后人的封赏，孔家乃至有"富贵无顶，文章通天"之说。孔府楹联：

上联：与国咸休安富尊荣公府第（"富"少第一笔的"点"）

下联：同天并老文章道德圣人家（"章"最后一笔上下贯通）

另据《史记·孔子世家》记载，当年司马迁为了收集第一手资料，曾经亲自前往孔子的老家曲阜，参观供奉孔子庙堂里的车服礼器，曾看到当地的儒生按时在孔子故居演习礼仪，久久不愿意离去。

换句话说，早在司马迁所在的西汉王朝，孔子的思想就已经被上流社会慢慢认可，不仅“学者宗之”，连天子王侯说“六艺”也以孔子为标准，孔子慢慢有了“圣人”的名号（“可谓至圣矣”）。但孔子所倡导的“仁政”等儒家思想不止一次遭遇批判。

据史书记载，齐景公一度打算重用孔子，被晏子一番话打消了念头，致使孔子不得不离开齐国。

晏子对景公说：“儒生能说会道，不能用律法来约束；倨傲且自以为是，不能任用为臣下；重视丧事，竭尽哀情，为了葬礼隆重甚至不惜倾家荡产，到处游说乞求官禄，不能用来治理国家。如今圣贤相继下世，周王室衰微，礼崩乐坏也很久了。但孔子讲究仪容服饰和烦琐礼节，甚至刻意于快步行走等规矩，这些繁文缛节，几代人都学不完……恐怕并不是改变齐国风俗、引导百姓的好办法。”

后世质疑和批评孔子的言论更是不一而足。

国学经典欣赏

太史公曰：诗有之：“高山仰止，景行行止。”虽不能至，然心乡往之。余读孔氏书，想见其为人。适鲁，观仲尼庙堂车服礼器，诸生以时习礼其家，余祗回留之不能去云。天下君王至于贤人众矣，当时则荣，没则已焉。孔子布衣，传十余世，学者宗之。自天子王侯，中国言六艺者折中于夫子，可谓至圣矣！

——《史记·孔子世家》

2

东周守藏室之史

玄之又玄

老子像一段呆木头似的坐在中央，沉默了一会儿，这才咳嗽几声，白胡子里面的嘴唇在动起来了。大家即刻屏住呼吸，侧着耳朵听。只听得他慢慢地说道：

“道可道，非常道；名可名，非常名。无名，天地之始；有名，万物之母……”

大家彼此面面相觑，没有抄。

“故常无欲以观其妙，”老子接着说，“常有欲以观其窍。此两者，同出而异名。同谓之玄，玄之又玄，众妙之门……”

大家显出苦脸来了，有些人还似乎手足失措。一个签子手打了一个大哈欠，书记先生竟打起瞌睡来，哗啷一声，刀、笔、木札，都从手里落在席子上面了。

以上几段文字出自鲁迅先生的小说《故事新编·出关》。《出关》

说的是老子有感于周王室衰微，骑青牛出函谷关前，被关尹喜挽留讲述《道德经》的故事。

玄之又玄，原指道的玄虚奥妙，后泛指事理深奥玄妙，难以理解。而现实也像鲁迅先生在《出关》里描述的场景一样，《道德经》在当时的周王朝乃至后来相当长的一段时间内因无人喝彩而束之高阁——

> "门外的人们，一溜烟跑下去了。屋里的人们，也不再说什么话，账房和书记都走出去了。关尹喜才用袍袖子把案上的灰尘拂了一拂，提起两串木札来，放在堆着充公的盐、胡麻、布、大豆、饽饽等类的架子上。"
>
> ——《故事新编·出关》

所谓古来圣贤皆寂寞，所谓时势造英雄，周朝虽绵延近八百年，但随着武王、周公等英武强者们渐渐远去，周王室不可避免地进入了漫长的衰退期。尤其是春秋、战国时期，野心膨胀的各诸侯国打着各种旗号征伐不断，在弱肉强食的环境里，人们信奉的是刀把子和钱袋子，仁义道德不过是一块遮羞布。所以，无论是孔子的"仁政"，还是老子的"无为"，在野心家眼中统统是"轻薄为文"，甚至是歪理邪说，远不如兵家、纵横家和法家等来得痛快，自然不会被重视。

但是，大浪淘沙始见金，不废江河万古流。老子的《道德经》及由此衍生的道教文化，在社会经历了急剧的动荡颠覆之后，渐渐显示出了它顽强的生命力和不朽价值，并与儒、释一起，成为持久影响中国、东南亚诸国乃至世界的重要思想流派。

从"小我"而言，老子的"道法自然""清静无为"思想，对中国人的精神生活（如隐士的出现），尤其对中国文学艺术（如山水画和山水田园诗等）产生了极为深远的影响，成为世界艺术宝库中魅力独特的“这一个”。饶是几千年后的今天，其倡导的清心寡欲、返璞归真的理念也具有强烈的现实意义（如低碳生活）。

从社会发展层面看，《道德经》总结阐述了一系列重要的社会发展规律（“道”），并对中国社会发展产生了强烈影响。除西汉初年“黄老之学”成为钦定治国方略外，魏晋时期，更是产生了以崇尚老庄哲学为核心的社会思潮——玄学。千百年来，道家玄学和儒学作为两大“官学”，源远流长，泽被后世。

所谓运用之妙，存乎一心。《道德经》五千言，言简意赅，博大精深，“仰之弥高，钻之弥坚，瞻之在前，忽焉在后”（《论语·子罕》）。一如孔子评价老子说：“鸟，吾知其能飞；鱼，吾知其能游；兽，吾知其能走。走者可以为罔，游者可以为纶，飞者可以为矰。至于龙，吾不能知其乘风云而上天。吾今日见老子，其犹龙邪！”

我想，以“龙”比喻老子之神秘和用“玄之又玄”形容《道德经》之玄远可谓恰如其分。

国学经典欣赏

道可道，非常道；名可名，非常名。无名，万物之始；有名，万物之母。故常无欲以观其妙，常有欲以观其徼。此两者，同出而异名，同谓之玄，玄之又玄，众妙之门。

——《道德经》

3
宋国漆园吏的自适
洸洋自恣

锦瑟无端五十弦，一弦一柱思华年。
庄生晓梦迷蝴蝶，望帝春心托杜鹃。
沧海月明珠有泪，蓝田日暖玉生烟。
此情可待成追忆，只是当时已惘然。

一首唐代诗人李商隐的《锦瑟》，引出本篇故事的主人公庄子。

庄子名周，字子休，宋国蒙（今河南商丘一带）人，是继老子之后道家学派的代表人物。可惜的是，现存的庄子生平事迹史料很少。

据《史记·老子韩非列传》记载，庄子与梁惠王、齐宣王同时，即大约公元前369年至前286年。

庄子博学多才，《史记》说“其学无所不窥”，他一生著述很多，大抵十万余言，但主题却不离老子学说，而且还用很多笔墨，用寓言的形式批评和嘲笑孔子及其徒弟。除此之外，墨家及诸子百家也受到了他的尖锐批评。因为他的文章“洸洋自恣以适己”，因此为当权者不喜。

后世用庄子描述盗跖的话评价说庄子“心如泉涌、意如飘风”，这种性情的人当然无法适应官场“硬规则”，所以终其一生只做过漆园小吏，但很快就撂挑子走人，从此过着身居陋巷、粗茶淡饭，甚至有时借粮糊口的清贫生活。

尽管如此，庄周还是引起了“上层人士”的关注。据《史记》记载，楚威王听说庄子贤能，曾派出使者带着厚礼聘请庄子担任曹国宰相，被庄子直言拒绝。庄子说：“你带的礼品很多，给的职位也很显贵，但是你见过祭祀用的小牛吧？好吃好喝饲养几年，给它披上绣着精美花纹的外衣，送到庙里当祭品。这个时候它想当一头孤独的小牛，还有机会吗？你快走吧，我宁愿在泥沟里打滚自娱自乐，也不愿去做官。”

庄子是这么说的也是这么做的，更甚者他提出“齐生死、齐贵贱”。以至老婆死了他不仅不哭，还“鼓盆而歌”。对尧舜、圣人那一套，他更是嗤之以鼻。

《庚桑楚》：“大乱之本，必生于尧舜之间，其末存于千世之后。千世之后，必有人与人相食也。”

《胠箧》：“圣人不死，大盗不止。”

庄子认为，儒家所谓的忠孝仁义云云，都是人为标榜出来的东西，是统治阶级驯服和糊弄民众的工具。

《庄子》一书最显著的特点是把深奥玄妙的道理通过鲜活生动的寓言故事立体阐释，让人不由自主地在其构筑的瑰丽变幻的文学迷宫中流连忘返。

这里只选取几个有代表性的寓言故事罗列于下。

望洋兴叹

《秋水》：秋天山洪暴发，众多河流山川汇流入黄河，河面宽阔汹涌澎湃，河伯洋洋得意。然而，当河伯顺流而下来到北海，极目不见大海尽头时才明白自己的浅陋，不由得望洋兴叹。

海神说："井底之蛙不可以和它谈论大海；夏天的虫子不可以跟它们谈论冰冻；乡曲之士不可以跟他们谈论大道，这是因为他们受到了时间或者空间等的限制。其实，大海放在天地之间来看，也不过像石块之间的小孔罢了。所以孔子所谓的博学很浅薄。"

卖了半天关子，竟然是嘲笑孔子。

大用与无用

惠子对庄子说，大王送我大葫芦种子，结的葫芦能盛五石东西。但用它盛水不够坚固，剖开当瓢又太大，让我砸了。

庄子说，看来先生心窍不通，这么大的葫芦，你为什么不做成腰舟，浮游于江湖之上，却担忧它无地安放呢？

庄子行于山中，看到一棵大树枝叶繁茂，但是伐木人对它视而不见。庄子很奇怪，伐木人说没有什么用处。庄子感叹说："此木以不材得终其天年。"

《淮南子》有云，塞翁失马，焉知非福。与庄子的观点一脉相承。

孔子见盗跖

孔子和盗跖的哥哥柳下惠是好朋友，见盗跖带着一帮人专干杀人越货的勾当，便带着颜回等人去劝善。

盗跖听到孔子求见怒发冲冠说："他不就是鲁国的巧伪之人孔丘吗？替我告诉他：'你矫造语言，妄称文武之道。带着树枝般的帽子，扎着宽牛皮带胡言乱语。不耕而食、不织而衣、摇唇鼓舌、擅生是非来迷惑天下的君主，使天下的读书人都迷失了本性，虚妄地标榜尽孝尊长来侥幸换取名利富贵，实在是罪大恶极。聪明的赶快滚，不然挖你的心肝做午餐。'”

不知妻美

《山木》：阳朱到宋国，住在客店里。店老板有两个小妾，一个很丑，一个很美。但是店老板宠爱丑的冷淡美的。阳子问原因，店老板说："美者自以为美，我不觉得她美；丑者自以为丑，可我并不觉得丑。"

阳子感叹说："弟子们记住，品行贤良者却不自认为具有了贤良品行，走到哪里都会受到爱戴的。"

庄子寓言是多面体，蕴含着极其深刻的哲学思想。《庄子》文采斐然、意境深远，喜怒笑骂皆成文章。鲁迅先生在《汉文学史纲要》中称赞说："汪洋辟阖，仪态万方，晚周诸子之作，莫能先之。"

如《齐物论》关于风的描述："夫大块噫气，其名为风。是唯无作，作则万窍怒呺。而独不闻之翏翏乎？山陵之畏佳，大木百围之窍穴，似鼻，似口，似耳，似枅，似圈，似臼，似洼者，似污者。激者、謞者、叱者、吸者、叫者、譹者、宎者、咬者，前者唱于而随者唱喁，泠风则小和，飘风则大和，厉风济则众窍为虚。而独不见之调调之刁刁乎？"

还有，时至今日，《庄子》中的很多成语仍旧广泛使用在现代汉语中，如庖丁解牛、朝三暮四、贻笑大方、望洋兴叹、邯郸学步、吐故纳新、摇唇鼓舌、大相径庭、东施效颦、运斤成风、井底之蛙、鸡鸣狗吠、每况愈下、越俎代庖、得意忘言，等等。

还有以天地为网则鸟兽无可逃；（鹏）水击三千里，抟扶摇直上九万里；大椿树以八千岁为春，八千岁为秋；钓鱼人用五十头犍牛当钓饵，等等，其脑洞之大，想象力之丰富，令人叹为观止。

总之，《庄子》是中国历史上一部独具特色、无可取代的古典文籍，是中华民族的瑰宝，虽沧海桑田而难掩其璀璨光芒。

国学经典欣赏

秋水时至，百川灌河，泾流之大，两涘渚崖之间，不辩牛马。于是焉河伯欣然自喜，以天下之美为尽在己。顺流而东行，至于北海，东面而视，不见水端。于是焉河伯始旋其面目，望洋向若而叹曰："野语有之曰'闻道百，以为莫己若'者，我之谓也。且夫我尝闻少仲尼之闻而轻伯夷之义者，始吾弗信。今我睹子之难穷也，吾非至于子之门，则殆矣，吾长见笑于大方之家。"

——《庄子·秋水》

4
春秋时期的纵横家鼻祖
存亡续绝

提到纵横家，相信大家的第一反应不外乎战国的苏秦和张仪。究其实，与春秋时期的子贡相比，二人实在是晚生后辈。

子贡，复姓端木，字子贡，春秋末年卫国人，“孔门十哲”之一。他尊师重道。孔子生前，子贡亦步亦趋，虚心好学。孔子周游列国，他贴身服侍，多次出孔子于困厄之中……孔子去世后，他服丧三年，庐墓三年。他不仅学习好，而且是一名非常成功的商人，“家累千金”。他是中华儒商的鼻祖，儒商文化的创始人，“端木遗风”绵绵几千载而风雅犹存，泽被后世。他在政界也风生水起，曾经担任鲁国、卫国之相，而且他能言善辩，是穿梭外交术的集大成者、春秋末年最杰出外交家之一。

在鲁国生死存亡的关键时刻，他接受孔子的派遣，挺身而出，开始了一场彪炳史册的穿梭外交。

公元前 485 年，齐国“野心家”田成子（田恒）继承父亲职位，担任齐相。同年，齐国发生内乱，齐悼公被杀，他的儿子齐简公即位。可惜的是，齐简公也是“扶不起的阿斗”，明知道田氏一族野心勃勃而放任自流，终于再次引发祸端。

田恒阴谋作乱前，做了很多准备工作，一是继承和实行“大斗出贷、小斗收债”方式，邀买民心；二是采用特别奇葩的方式壮大家族势力，挑选一百多名身材高挑的齐国女子充入后宫，放任宾客侍从自由出入其间。于是乎，等他蹬腿时，他留下的子嗣达七十多人。

眼看时机成熟，田恒准备作乱以浑水摸鱼，但齐国当时还有国、高、晏、鲍四大家族，让他很是忌惮。为了分化瓦解四大家族，田恒想借刀杀人，便以攻打鲁国的名义征调四大家族的军队上前线，自己坐收渔翁之利。

消息传到鲁国，举国震恐。有人口头上嚷嚷着拼死一战，背地里却收拾金银细软，准备随时开溜。

关键时刻，孔子召集弟子连夜召开紧急会议。面对群情激奋、骚动不安的弟子，他慷慨陈词说：“鲁国是我们祖宗坟墓所处之地，是父母之国，现在到了危急存亡的关头，大家应该挺身而出。我们鲁国力量有限，应该尽快寻找外援。”

话音刚落，心急口快的子路忽地站起身，要求立刻出发。孔子坚决地摇了摇头，子路只好悻悻退下。随后，子张、子石也主动请缨，孔子同样没有答应。这时，子贡慢慢站了起来，说自己愿意走一趟。孔子立刻批准了子贡的请求。

时间紧急，子贡“遂行”，急匆匆来到齐国，完成他在众人看来绝对“不可能完成的任务”——说服田恒不要攻打弱小的鲁国（因为它难以攻打），转而攻打最强大的吴国（因为它容易进攻）。

田恒一听就炸了，差点把子贡轰出去，他忿然作色说："你这是把我当傻瓜吧？"

子贡笑了说："您别急。我听说忧患在国内的，应该攻打强大的国家；忧患在国外，才攻打弱小的国家。您现在国内有很多反对者，前段时间连弄个封号都没成。这种情况下，您攻下鲁国，国君会更加骄纵，大臣会更加尊贵，您的地位会更加不稳。相反，如果攻打吴国，即便不能胜利，也能消耗您的政治对手的实力，您将再无对手。"

田恒心动了，但问题是齐军已经开赴前线攻打鲁国，转而攻打吴国，会受到大臣怀疑。

子贡说，这好办。您现在按兵不动，我马上去吴国，说服吴王支援鲁国，您再进攻吴军就顺理成章了。田恒同意了。

安顿好田恒后，子贡急急来到吴国，求见吴王夫差说："您现在是诸侯霸主，但即将地位不保。眼下齐国要攻打鲁国，摆明了与吴国争霸。如果您出兵攻齐，不仅可以保全鲁国，还会震服晋国，一举多得。"

吴王心动了，但他担心越国会趁机入侵，说要打垮越国后再救援鲁国。子贡说："这样做，黄花菜都凉了。您真要担心越国，我去让他们老实点。"

听说子贡要来越国，越王勾践除道郊迎，举行了隆重的欢迎仪式，并亲自驾车到宾馆会见子贡说："我们越国偏远落后，怎么劳您大驾光临？"子贡说："我是来救您的。我想说动吴王进攻齐国，但他说您野心不小，想灭了您再说。您的小心思已经不是秘密，越国危险了。"越王勾践吓得扑通一声跪倒在地，磕头如捣蒜请求子贡指点迷津。

子贡说："您不必担心，吴国并不可怕。因为这些年来吴王对内倾轧、对外用兵，已经民怨沸腾，人心思变。我已经说服他攻打齐国，若您能主动示弱示好，一方面出兵辅佐迎合吴王，一方面重金收买他的大臣，他一定会打消顾虑出兵北上。如果吴兵获胜，届时他会乘胜进击晋国。如果失败，您就可以和他单挑。稍后我会前往晋国，让它做好迎敌准备。只要吴国实力削弱，越国便可趁机复仇，重振国威。”

越王心花怒放，赐子贡黄金百镒以及越国名贵特产步光剑一把，屈卢矛两支，被子贡婉言谢绝。

离开越国，子贡再次来到吴国告诉吴王说：“越国不仅没有作乱的念头，还会出人出钱帮助吴国。”吴王大喜，决定调动九郡兵力攻打齐国。

子贡见此行目的达到，立刻告别吴王来到晋国，向晋国国君通报了他掌握的“军事机密”。晋君大惊失色，子贡告诉说：“您少安勿躁，只要做好充分的军事斗争准备即可。”晋君忙不迭地答应了。

后续的故事大伙都知道了。吴王夫差出兵后，后院起火，越国入侵……

太史公以充满敬佩的语气总结说：“故子贡一出，存鲁，乱齐，破吴，强晋而霸越。子贡一使，使势相破，十年之中，五国各有变。”

子贡，实在太了不起了！

国学经典欣赏

子禽问于子贡曰：“夫子至于是邦也，必闻其政。求之与？抑与之与？”子贡曰：“夫子温良恭俭让以得之。夫子求之也，其诸异乎人之求之与？”

子贡曰：“贫而无谄，富而无骄。何如？”子曰：“可也。未若贫而乐，富而好礼者也。”子贡曰：“诗云：如切如磋，如琢如磨。其斯之谓与？”子曰：“赐也，始可与言诗已矣。告诸往而知来者。”

子贡问曰：“赐也何如？”子曰：“汝器也。”曰：“何器也？”曰：“瑚琏也。”

子曰：“从我于陈蔡者，皆不及门也。德行：颜渊、闵子骞、冉伯牛、仲弓；言语：宰我、子贡；政事：冉有、季路；文学：子游、子夏。”

叔孙武叔语大夫于朝曰：“子贡贤于仲尼。”子服景伯以告子贡，子贡曰：“譬之宫墙。赐之墙也及肩，窥见室家之好。夫子之墙数仞，不得其门而入，不见宗庙之美，百官之富。得其门者或寡矣。夫子之云，不亦宜乎？”

叔孙武叔毁仲尼，子贡曰：“无以为也。仲尼，不可毁也。他人之贤者，丘陵也，犹可逾也。仲尼，日月也，无得而逾焉。人虽欲自绝，其何伤于日月乎？多见其不知量也。”

——《论语》

5

百世兵家之师

三令五申

他从哪里来，又去了哪里，史书均语焉不详，但是他留下的兵法十三篇，却像一颗耀眼的星辰，至今熠熠闪光。

他就是孙武，后世尊称孙子，春秋时期的齐国人。

齐国的景公，在位几十年，最大的乐趣就是夜以继日地吃喝玩乐，看着大臣专权，图谋不轨，也唯有叹息而已。为避齐国内乱，孙子离开故土，来到吴国，投奔正雄心勃勃开疆拓土的吴王阖闾。为了引起吴王的重视，孙子献上了自己的呕心沥血之作——《孙子兵法》十三篇（始计、作战、谋攻、军形、兵势、虚实、军争、九变、行军、地形、九地、火攻、用间）。

该书从战前准备、作战部署、战略战术运用、敌情研判，等等，都作了详尽论证叙述。尤其他的“慎战”思想以及“将者，智、信、仁、勇、严也”理念，千百年来深刻影响了中国的军事准则。

《孙子兵法》是继孔子、老子学说之后，在华夏大地产生广泛影响的历史名著，其中很多论述，几千年以降，仍闪耀着智慧的光芒。

《孙子兵法》十三篇，不仅在中国，甚至在欧洲，不仅在军事领域，甚至在商业领域都大放异彩，在文学领域（如明清小说）的影响更是无远弗届。

一个从中原地带末路来投的无名小卒竟跑来献兵法，吴王阖闾起初觉得颇有些好笑。然而，等通篇读过，阖闾却再也按捺不住激动的心情，急切地召见了孙子。

阖闾："先生的兵法十三篇我都读完了，你可以用人演示一下吗？"

面对突如其来的机会，孙子很激动地说："当然可以。"

阖闾有些急不可耐说："可以用妇人演示吗？"

孙子："可以。"

于是吴王阖闾下令叫来了一百八十名宫中美女，其中包括自己两个心爱的侍妾。孙子把这些美女分作两队，每人手持一支戟，由吴王的两个侍妾当队长。

孙子一脸严肃地站在队前问："你们知道自己的心和左右手背在哪儿吗？"

宫女们七嘴八舌地说"知道"。

孙子："很好，那么听我指挥。我说前，你们就看自己的心；说左，看左手；右，看右手；后，看后背方向。"

众宫女娇滴滴地回答："好（诺）。"

号令宣布完毕，孙子命人摆好斧钺等兵器，然后又对号令"三令五申之"。随后，孙子击鼓，号令宫女们向右，宫女们哈哈大笑，花枝乱颤。

孙子板着脸说："你们还不清楚军队纪律，对号令也不熟悉，这是我作为将领的过错。”于是孙子又三令五申了军纪军令，下令击鼓向左。宫女们又哈哈大笑，扭作一团。

孙子没有笑，严肃地说：“你们不清楚纪律、不熟悉号令，是我的罪过，但是在我三番五次申明了将令情况下，你们还不执行，就是军官和士兵的过错了。”孙子下令杀掉左右两队的队长。

在台上“观战”的吴王阖闾一看，大惊失色，急派使臣传达命令说：“我知道将军善于用兵了。但我没有这两个侍妾陪着，吃饭都不香，请将军饶恕她们。”

孙子拒绝了，说：“我已经接受命令为将，将在军，君命有所不受。”于是孙子下令斩杀了两名队长示众，又按顺序任命排在第二位的两名宫女分别担任队长。随后孙子下令继续操练，宫女们吓破了胆，随着号令向前向后、向左向右、跪倒站起，都严格执行号令，整个队列鸦雀无声。

操练完毕，孙子命令宫女们原地待命，来到吴王面前说：“队伍已经操练整齐，大王可以下来查验，现在即使让她们赴汤蹈火也可以办到。”

吴王夫差却一副苦瓜脸说：“先生还是停止演练，回客栈休息吧，我不愿看下去了。”

孙子说：“没有想到大王只是喜欢我的理论，却不能付诸实践啊。”于是孙子很失望，想离开吴国另寻出路。

但是痛定思痛后的吴王阖闾知道孙子是难得的将才，于是尽弃前嫌，拜孙子为大将。

后来吴国向西打败强大的楚国、进入楚都郢，向北威震齐国、晋国，在诸侯各国名声赫赫。

关于孙子的结局，现存史书语焉不详。按照《东周列国志》的说法，吴国攻破楚都以后，吴王阖闾论功行赏，以孙子为首，但是孙子却不愿为官，请求“退休”。

吴王让伍子胥劝他留任，被孙子拒绝，临别之时，孙子私下对伍子胥说：“你知道天道吧？寒来暑往、春还秋至。大王依仗国力强盛，国内外局势平稳，慢慢地就会骄傲和享乐。功成不退，将有后患，我不单单是为了自己，也是为了先生你好。”

伍子胥不以为然，孙子飘然而去，一路上，吴王赏赐的财物都被他分发给了贫困人家。然后，不知所终。

《孙子兵法》自战国时即家喻户晓，后世诸多文臣武将言必称孙子，尊为兵圣。

国学经典欣赏

孙子曰：夫用兵之法，全国为上，破国次之，全军为上，破军次之；全旅为上，破旅次之；全卒为上，破卒次之；全伍为上，破伍次之。是故百战百胜，非善之善者也；不战而屈人之兵，善之善者也。

故上兵伐谋，其次伐交，其次伐兵，其下攻城。攻城之法为不得已。修橹，具器械，三月而后成，距堙，又三月而后已。将不胜其忿而蚁附之，杀士卒三分之一而城不拔者，此攻之灾也。

——《孙子兵法·作战篇》

6
慎独君子鲁士师
坐怀不乱

柳下惠，春秋时期思想家、政治家、教育家，展氏，名获，字禽（又字季），谥号惠，因其封地在柳下，故后人称之为柳下惠。他一生主要生活在春秋时期的鲁国，曾为士师（掌管刑狱的官员）。虽然被尊为“和圣”（孟子：“柳下惠，圣之和者也。”），而且出身名门（先祖周公旦，鲁国大夫展无骇之子），但是关于他的事迹只散见于《左传》《国语》《论语》《荀子》《战国策》和《孟子》等先秦古籍的只言片语中。饶是如此，俯身拾起散落的竹简，透过历史的重重迷雾，依然可见一位道德高尚、淡泊名利、气定神和的先贤长者。

柳下惠是一位有“慎独”精神的文化人。一个广为流传的故事是，一个寒冷的夜晚，晚归的柳下惠夜宿城门，遇到一位衣着单薄的女子。柳下惠怕她冻死，解开外衣将其揽在怀中，同处一夜，没有发生任何非礼的行为。该故事散见于部分典籍中，《荀子·大略》：“柳下惠与后门者同衣，而不见疑，非一日之闻也。”《诗经·小雅·巷伯》毛亨传：

“子何不若柳下惠然，妪不逮门之女，国人不称其乱。”清代文字训诂学家段玉裁解释说：“后门，即不逮门，谓不及门，无宿处也。”《礼记》注曰“以体曰妪”，谓坐于怀也。

柳下惠死后，虎狼之秦攻打齐国（此时鲁国已经被楚国灭亡）时，专门下令：“有敢去柳下季垄五十步而樵采者，杀无赦！”（《战国策·齐策》）

柳下惠是一位胸有丘壑者。《左传·僖公二十六年传》记载，公元前631年夏天，齐孝公出兵讨伐鲁国。鲁僖公自知不敌，就派柳下惠的弟弟展喜以犒劳齐国军队的名义“讲和”，而且要求展喜出发前先去柳下惠那里讨要计策。赶在齐军侵入鲁国边境前，展喜来到齐国军营。齐孝公劈头就问：“鲁国害怕了吗？”展喜说：“鲁国的小人害怕了，君子没有。”齐孝公轻蔑地说：“你们鲁国人家里像挂着的罄一样空（室如悬罄），田野里草都不长，凭什么不怕？”展喜说：“凭先王的命令。以前，咱们的祖先曾经一起发过誓，说子子孙孙不能相互伤害……”一番话下来，齐孝公也觉得师出无名，侵略不义，于是撤兵而回。

另据《国语》记载，有一年，鲁国东门外飞来了一种叫爰居的海鸟，三日不走。权臣臧文仲让国人祭祀海鸟，受到了柳下惠的直言批评。柳下惠分析说，海鸟飞进内陆，可能是海上风大，前来避灾而已。海鸟对鲁国没有什么功劳，不值得祭祀。事实也正如柳下惠所言，这一年是个暖冬，海上风大。柳下惠还指出，对一个国家而言，祭祀是非常神圣庄重的礼仪制度（国家大事，在祀与戎），是成功处理政务的保证，不可随意为之。权臣臧文仲“虚心”接受了柳下惠的批评。

柳下惠是一位清醒的爱国者。柳下惠的一生，见证了鲁国上层争权夺利、国力逐渐衰败等种种乱象。他本人作为士官，竟然三次见黜。于是有人劝他另谋出路。柳下惠拒绝了说："我不想违心做事，不想看人脸色说话，因此到哪里都一样。如果违背良心获取名利，我不用离开自己的国家。"

正因为对仕途和人心有着清醒的认识，柳下惠无论身处顺境逆境都心态平和，坚持原则。他默默坚守，因为这里是他的父母之邦，这里有他未竟的事业。为此，他甚至到了降低理想、屈辱身份的地步，但还是不能得到臧文仲等当权者的容忍，最后不得不弃官归隐，成了"逸民"，以至于孔子愤怒地批评说："臧文仲其窃位者与？知柳下惠之贤而不与立也！"（《论语·卫灵公》）

显然，柳下惠是仕途失意者，与那些见风使舵、游刃有余的"精致利己主义者"相比，他的言行显得幼稚和不合时宜。但也恰恰因为他的坚持，才成就了历史长河中独特的"这一个"。

总有些什么是时光带不走的。

国学经典欣赏

海鸟曰爰居。止于鲁东门之外三日，臧文仲使国人祭之。展禽曰："越哉，臧孙之为政也！夫祀，国之大节也；而节，政之所成也。故慎制祀以为国典。今无故而加典，非政之宜也。"

"夫圣王之制祀也，法施于民则祀之，以死勤事则祀之，以劳定国则祀之，能御大灾则祀之，能捍大患则祀之。非是族也，不在祀典……"

是岁也，海多大风，冬暖。文仲闻柳下季之言，曰："信吾过也。季子之言不可不法也。"使书以为三策。

——《国语·鲁语上》

7

齐国相国相识于微时

管鲍之交

管鲍之交，说的是春秋时期的落魄商人管仲和他的朋友鲍叔牙之间的故事。

管仲和鲍叔牙曾一起经商，分红时，管仲经常拿大头（分金时多自与），但是鲍叔牙并不在意。再后来，两人弃商从政。管仲投奔了齐国的公子纠；鲍叔牙投奔了公子小白，即后来的“春秋五霸”之首——齐桓公。世人皆称鲍叔牙有“识人”之才，由此可见一斑。

此时，齐国的国君是襄公无知，此人不仅和自己的妹妹关系污浊，并因此暗杀了妹夫鲁桓公，而且动辄杀戮、欺侮臣下。他的弟弟们为了避祸，纷纷出走。公子纠由管仲和召忽陪同去了鲁国姥姥家。公子小白则带着鲍叔牙投奔了莒国。

公元前 685 年，齐国发生政变，即位仅一月有余的襄公无知被大夫雍廪设计谋杀，齐国群龙无首，得到消息的公子纠和小白都决心回国继承君位。鲁国更是决定发兵护送公子纠安全回国，并派管仲带兵在小白必经之路设下埋伏。

小白被管仲一箭射中，应声而倒。管仲大喜，误认为小白已死。公子纠得到消息以为胜券在握，在鲁国连续庆祝了好几天才踏上归途。而事实上，管仲的箭只射中了小白的衣带钩，"狡猾"的小白为了迷惑管仲，假装死亡，随后倍道兼行回到齐国，被监国上卿国氏、高氏拥立为国君。

当年秋天，亡小白之心不死的鲁庄公为帮助公子纠争位，带兵攻打齐国，意图"武力干涉齐国内政"。公子小白随即调兵遣将，双方在乾时（今山东淄博桓台境内）遭遇。齐军以逸待劳，大败鲁军，鲁庄公为了逃命，丢弃所乘战车，改乘轻车，仓皇逃走。

不久，跟随公子小白回到齐国并担任大夫的鲍叔牙领兵进逼鲁国，随后送来齐桓公的书信说："公子纠是我的兄弟，我不忍心亲手杀他，你们替我杀掉。但召忽和管仲得给我留着，我要把他俩亲手剁了。"鲁国人万般无奈，杀死了公子纠。召忽不听管仲的劝阻而自杀，管仲则心甘情愿做了齐国的囚徒，因为他知道，有鲍叔牙在，自己的苦日子终于到头了。

事实也正是如此。管仲一到齐国，就被鲍叔牙推荐给已成为齐桓公的公子小白。齐桓公亲自出宫郊迎，同载入朝，随即"厚礼（管仲）以为大夫，任政"。

管仲："当初我家里穷，和鲍叔牙一起经商，分钱的时候我总是多拿，但鲍叔牙不认为我贪婪，知道我是因为贫困；我曾经替鲍叔牙做事，结果弄得无法收拾，鲍叔牙不认为我愚笨，知道我是时机不好；我曾经多次做官多次被国君斥退，鲍叔牙不认为我不成器，而认为我时运不济；我曾经在作战时多次逃跑，鲍叔牙不认为我胆怯，知道我家中还有老母亲需要供养。我跟着公子纠做事，公子纠被杀，召忽为表忠心自杀，而我坚持活了下来，鲍叔牙不认为我无耻，知道我是不拘泥于小节而想成就一番大事业。生我者父母，理解我的人是鲍叔牙啊。”

在管仲、宁戚、鲍叔牙等贤臣的大力辅佐下，齐国很快国富民强，齐桓公“九合诸侯，一匡天下”，成为毫无争议的“春秋五霸”之首，鲍叔牙关于管仲之才的预言一一实现。

管仲因鲍叔牙的帮助和举荐而成为千古名臣，而鲍叔牙也因管仲的荫庇而子孙显贵，家族兴盛“十余世”。

国学经典欣赏

管仲曰：“吾始困时，尝与鲍叔贾，分财利多自与，鲍叔不以我为贪，知我贫也。吾尝为鲍叔谋事而更穷困，鲍叔不以我为愚，知时有利不利也。吾尝三仕三见逐于君，鲍叔不以我为不肖，知我不遭时。吾尝三战三走，鲍叔不以我怯，知我有老母也。公子纠败，召忽死之，吾幽囚受辱，鲍叔不以我为无耻，知我不羞小节而耻功名不显于天下也。生我者父母，知我者鲍子也”。

——《史记·管晏列传》

8
盲乐师闻乐知兴替
靡靡之音

师旷，春秋晋国人，中国乐圣。他是盲人，但听力过人，甚至有人称他为中国神话故事中“顺风耳”的原型。师旷擅长操琴鼓瑟，在音乐艺术上有极高的造诣。据说，他能用琴弦模拟自然界的声响，描摹飞鸟的叫声。我国很多著名的古文典籍，包括《周书》《左传》《庄子》《韩非子》《淮南子》以及地方史志等，均有他精通音律的记载。《淮南子·氾论训》说：“譬犹师旷之施瑟柱也，所推移上下者，无尺寸之度，而靡不中音。”

最令人叫绝的是，师旷还能通过鸟鸣和乐声判断一个国家的国运和某场战事的走向。《左传·襄公十八年》记载，有一年，齐晋两国交战，齐侯登上巫山窥探晋军虚实。晋国利用漫山遍野的旗帜和战车拖拉树枝扬起的尘土迷惑齐国，齐侯以为晋国人多势众，趁着黑夜悄悄撤军。师旷听到乌鸦的叫声后，赶来告诉晋侯说：“我听见乌鸦的叫声很欢快，齐国的军队逃跑了。”随后，大臣叔向又跑来报告，齐军驻扎的城头上有乌鸦聚集，说明那里已经是一座空城，师旷的判断是正确的。

不久之后，这一年的冬天，楚国进攻郑国。消息传到晋国，很多人很惊慌。师旷说："不用怕，我刚才分别弹奏了北方的音乐和南方的音乐，南方的音乐不如北方的强盛，而且多死亡之声，楚国这次会徒劳无功。"而事实也正是如此，楚国在进军途中遇到大雨，因为天气寒冷，几乎全军覆没。

也许正因为师旷能从音乐察觉别人察觉不到的信息，所以他极其重视音乐的教化作用。《韩非·十过》记载，卫灵公即位后去朝见晋平公，还特地带上了擅长作曲的太师涓。这天晚上，一行人在濮水边的馆驿下榻，失眠的卫灵公忽然听到了一种从未听过的音乐，于是赶忙叫人喊来师涓。师涓静静听了会说："我听了个大概，如果再留宿一晚，我就能把乐曲记下来。"卫灵公答应了，第二天晚上，音乐声再次响起，师涓完整记录了下来。

来到晋国后，酒酣耳热之际，卫灵公说自己有好听的音乐。晋平公大喜，特地派人请来师旷一同欣赏。不料，曲子尚未奏完，师旷一把按住了琴弦说："这是亡国之音，不能再弹了。"师旷告诉晋平公说，该曲子是殷商末年师延为纣王谱的靡靡之音，纣王听后迷恋不已，几乎废寝忘食。武王伐纣时，师延向东逃跑，在濮水投河自杀。这曲子一定是在濮水上听来的。纣因淫乐而国破家亡，这音乐不祥，不可再听。听这曲子的，国家一定会衰弱。

但晋平公不以为然，不仅坚持听完了这首曲子，而且还不顾师旷的再三劝阻，让他演奏了曲调极其悲伤的《清角》。最后的结果是一曲未终而天气骤变，狂风骤雨拔树倒屋，宫殿廊柱倒塌，晋平公因惊吓得病，两年之后病故。

现在看来，上述记载或许有夸大其词的成分，或者仅仅是巧合而已。但在几千年前，“乐”作为“礼乐刑政”中的一极，维护着国家秩序和等级结构，其重要性是不言而喻的。儒家重要经典《礼记·乐记》中更是严肃指出：“凡音之起，由人心生也。人心之动，物使之然也。感于物而动，故形于声。声相应，故生变。变成方，谓之音。比音而乐之，及干戚羽旄，谓之乐。乐者，音之所由生也，其本在人心之感于物也……故礼以道其志，乐以和其声，政以一其行，刑以防其奸。礼乐刑政，其极一也，所以同民心而出治道也。”

换句话说，古人之所以如此重视“乐”，除了它维系着一国的秩序外，还对人起着潜移默化的教化作用。更甚者，一个国家的“主流音乐”还间接反映着执政者的施政理念和由此引领的社会潮流，最终指示的是民心向背和家国兴亡。所谓上有好者，下必甚焉。师旷深知，千里之堤，毁于蚁穴，一个国家的上层如果耽于享乐，声色犬马，而不能被及时纠偏，整个国家必定上行下效、奸邪横行，最终腐朽混乱、覆败毁亡。

正是从这一意义上，我们说，师旷的训谕，几千年以降仍有强烈的警示和教育意义。

国学经典欣赏

师旷侍于晋侯。晋侯曰：“卫人出其君，不亦甚乎？”对曰：“或者其君实甚。良君将赏善而刑淫，养民如子，盖之如天，容之如地。民奉其君，爱之如父母，仰之如日月，敬之如神明，畏之如雷霆，其可出乎？夫君，神之主而民之望也。若困民之主，匮神之祀，百姓绝望，社稷无主，将安用之？弗去何为？天生民而立之君，使司牧之，勿使失性。

有君而为之贰，使师保之，勿使过度。是故天子有公，诸侯有卿，卿置侧室，大夫有贰宗，士有朋友，庶人、工、商、皂、隶、牧、圉皆有亲昵，以相辅佐也。善则赏之，过则匡之，患则救之，失则革之。自王以下各有父子兄弟以补察其政。史为书，瞽为诗，工诵箴谏，大夫规诲，士传言，庶人谤，商旅于市，百工献艺。故夏书曰：‘遒人以木铎徇于路。官师相规，工执艺事以谏。’正月孟春，于是乎有之，谏失常也。天之爱民甚矣，岂其使一人肆于民上，以纵其淫而弃天地之性？必不然矣。”

——《左传·襄公十四年》

9

齐相虽矮有谋识

南橘北枳

晏子名婴，齐国夷维（今山东高密人），历仕灵、庄、景三朝，先后长达五十四年。

晏子最著名的故事当数“二桃杀三士”，据说连诸葛亮都写《梁父吟》感叹说：

步出齐城门，遥望荡阴里。
里中有三坟，累累正相似。
问是谁家墓，田疆古冶氏。
力能排南山，又能绝地纪。
一朝被谗言，二桃杀三士。
谁能为此谋，相国齐晏子。

正如诗中所言，晏子是一个多谋善断的智者。

正因为他“智”，才得以在国君昏聩、权臣恣肆、国运衰颓的漫漫岁月中远离灾祸，“齐家”、“治国”成了一位著名的“裱糊匠”，为延续姜氏齐国的国祚立下了汗马功劳。他能做的也仅此而已。

齐景公在位之时，已是春秋末年，楚国是首屈一指的强国。

按照《东周列国志》的说法，当时“诸侯畏楚之强，小国来朝、大国来聘，贡献之使，不绝于道”。

一天，上大夫晏子奉景公之命修聘楚国。楚灵王听说晏子个头很矮，打算羞辱他一番，给他个下马威，于是和群臣商量了个“损主意”，在城门的一侧开了个小矮门，迎接晏子。

晏子到来后一看就明白了怎么回事，他没有气急败坏地拂袖而去，也没有大吵大闹，而是笑眯眯地说：“这是狗洞不是城门。如果我出使的是狗国，我就从这狗洞进，你们看着办。”

负责接待的迎宾官飞报灵王，灵王大囧，连忙大开城门，热情迎接晏子进城。一计不成又施一计。见到晏子后，灵王装作很惊讶的样子说：“哎呀，齐国难道没人了吗？”

晏子说：“大王何出此言？单是我们都城临淄就大得不得了，街面上人来人往、摩肩接踵、呵气成云、挥汗成雨，怎么能说是没有人呢？”

“那怎么派你来了？”

晏子装出一副很惭愧的样子说：“大王有所不知，我们齐国有个规矩，贤能的人出使贤良之国；不成才的人出使不成器的国家。我是齐国中最不中用的，这不就派到您这里来了。”

灵王一听，差点喷出一口老血。两边的大臣想笑不敢笑，憋得直翻白眼。

灵王吃了闷亏，又不好发作，只好干咳几声，会见仪式结束后，还赐座命酒，款待晏子。君臣正把酒言欢、畅叙两国深情厚谊之时，忽见朝堂外几位武士押着一个五花大绑的囚犯，推推搡搡、吆五喝六地走过。

灵王一见，假装很关心地说道："你们几个怎么这样粗暴，囚犯也有尊严嘛！囚犯是哪里人，犯了什么罪啊？"

武士回答："报告大王。齐国人，是个小偷。"

灵王回头对晏子说："难道齐国有很多惯偷吗？"

晏子很"惶恐"地磕头谢罪说："我听说江南香甜多汁的橘子移栽到江北后，就成为又苦又涩的枳子，这是环境使然吧。我们齐国人在自己国家不偷不抢，来到楚国就成了小偷，我以为这是贵国地土使然，与齐国没有关系。"

一番话只说得灵王脸红一阵白一阵，张口结舌，无言以对，只好借着劝酒化解了尴尬。

前文曾经提及，吴公子季札出使齐国劝告晏子让出官职和封地以避免潜在的祸患。晏子听进了耳朵里，并牢牢记在了心里，并终其一生慎思之、明辨之、笃行之，认认真真"装孙子"，故得享天年。

据《左传》记载，一直以来，晏子一家住在靠近街市的低矮狭小、喧闹多尘的老房子里。景公过意不去，多次劝晏子搬到士大夫聚居之地。晏子辞谢说，自己的祖屋住习惯了，再说靠近市场，买菜啥的也方便。

齐景公笑着说："这么说，你对市场行情很了解喽？知道什么贵什么贱吗？"

晏子说："当然知道，假腿贵，鞋子贱啊。"

当时，景公滥用刑罚，很多人遭受刖刑，以至于市面上出现了很多卖假腿的商贩。景公听后也觉得有些不安，于是下令减省刑罚。

有一天，齐景公派晏子出使晋国，趁机给晏子翻修了住宅。等晏子回国时，豪宅已经完工。然而，晏子在拜谢景公回家后，立即制止了跃跃欲试的家人，命令立刻拆掉新房，按照以前的格局恢复重建老邻居和自家的房子，让邻居们返回居住。邻居们热泪盈眶，晏子说："谚语说'住宅不需要占卜，唯有邻居需要占卜'，咱们已经占卜做邻居了，我不敢违背啊。"

景公听说后，坚决不答应。晏子就托陈桓子去说合，景公无奈，点头应允。

晏子成为国相后，上下班有了专车和专职车夫。一天，车夫的妻子从门缝里偷看驾车而行的丈夫，只见他"拥大盖，策驷马，意气洋洋，甚自得也"。

车夫下班后，惊讶地发现妻子已经打点好了包裹，说要离家出走。车夫很惊讶，放着清闲富裕的日子不过，瞎折腾个啥？

妻子说："你看晏子身高不满六尺（不足一米四），是咱们的国相，名声在各国宣扬。但是我看他外出时，志向深沉，一副甘居人下的神态。再看你身高八尺，不过是人家的车夫，却一副心满意足的样子，所以我请求离开。"

妻子一番话，说得车夫低头不语。再为晏子驾车时，他就谦虚恭谨起来。晏子察觉了车夫的变化，觉得很奇怪，就问怎么回事，车夫照实回答。晏子觉得车夫知过能改，妻子也贤惠聪颖，就推荐他做了大夫。

这个故事载于司马迁的《史记·管晏列传》。

晏子为政低调谨慎，但他并不是畏首畏尾的"好好先生"，而是一个为了公理和正义不畏刀剑、犯言直谏的忠贞之士。当然，他不作无谓的牺牲。这一点从齐庄公被崔杼杀害后，面对崔杼对大臣们不断亮起的屠刀，晏子既没有逃跑避祸，也不愿意"殉葬"，但又冒着杀头风险，坚持哭吊庄公尽人臣之礼就略见一斑。太史公说：“假令晏子而在，余虽为之执鞭，所忻慕焉。”

国学经典欣赏

晏子为齐相，出，其御之妻从门间而窥其夫。其夫为相御，拥大盖，策驷马，意气扬扬甚自得也。既而归，其妻请去。夫问其故。妻曰：“晏子长不满六尺，身相齐国，名显诸侯。今者妾观其出，志念深矣，常有以自下者。今子长八尺，乃为人仆御，然子之意自以为足，妾是以求去也。”其后夫自抑损。晏子怪而问之，御以实对。晏子荐以为大夫。

——《史记·管晏列传》

10
齐将辕门立表树军威
人微言轻

司马穰苴祖上是从陈国跑到齐国避难的公子完的后裔，但因为是庶属旁支，到穰苴时早已“泯然众人”，家境寒微。

齐国在景公朝时，由于内乱不断，民不聊生，早已不复桓公时期的辉煌。再加上晏子设计除掉了桀骜不驯的田开疆、古冶子和公孙接三大勇士，齐国竟一时没有了独当一面的将军。以至于连多少年来唯唯诺诺，唯齐国马首是瞻的燕国也不甘寂寞，开始渡过黄河侵略齐国，晋国则派兵攻打东阿和鄄城之地。齐国出兵御敌，连吃败仗，景公急得像热锅上的蚂蚁，团团乱转。

危急时刻，晏子来找景公，推荐一个叫田穰苴的人。见景公满脸犹疑之色，晏子说：“田穰苴是田氏旁支，此人文能附众，武能威敌，大王不妨一试。”

景公命人招来田穰苴谈论军国大事，一番“面试”下来，景公非常高兴，当即任命田穰苴为将军，抵抗燕、晋军队。

穰苴答应了，但提出了一个附加条件说：“我一向地位卑贱、人微言轻。君王把我从平民中提拔起来，骤然授予兵权，地位在众大夫之上，士卒不会服从，百姓不会亲近，所以请求大王派一位受您宠信、国人尊重的大臣来做监军。”景公慨然应允，当即下令让庄贾担任监军。

辞谢景公后，穰苴和庄贾约定：“明天正午在营门会合。”

第二天穰苴早早来到军中，命人立起计时的木表和漏壶，等待庄贾。庄贾素骄贵，又加上国君宠信，全然不把平民出身的穰苴放在眼里，没把与穰苴的约定放在心上。听说受到国君委派监军出征，庄贾的亲戚朋友纷纷前来饯行，大摆宴席。下人几次三番催促起身，庄贾酒兴正浓，全不在意。

眼看到了正午时分，庄贾还不见踪影，穰苴命令推倒木表，倒掉漏壶，然后进入军营，巡视营地，整饬军队，宣布规章号令。等这一切部署完毕，已是日暮时分，庄贾才喷着酒气、醉眼蒙眬地姗姗而来。

穰苴巍然端坐，不动声色地问：“监军为何约定了时间还迟到？”庄贾见状暗吃一惊，忙带着歉意解释说：“亲戚朋友们都为我饯行，我实在推托不掉，所以耽误了。”

穰苴冷冷地说：“身为将军，受命之时则忘其家，来到军营接受军令后则忘其亲，擂鼓进军、军情危急时则舍生忘死。如今，晋燕两军深入国境，前方战事吃紧，国内骚动不安，国君为此寝不安席、食不甘味，你作为监军，全国百姓的性命都系于你一身，你还说什么喝酒饯行！”

穰苴命人叫来军正问道：“军法上对约定时刻迟到的人怎么说？”军正回答说：“应当斩首。”

庄贾一听这家伙要来真的，顿时吓得魂飞天外，连忙示意手下飞报齐景公，请求搭救性命。但是未等报信的人返回，穰苴已经下令将庄贾斩首，巡行三军示众。

一个名不见经传的“菜鸟”一出场就斩了国君最宠爱的大臣，全军将士无不惊骇。正当大家交头接耳之时，齐景公派出使者拿着节符来赦免庄贾，车马一路飞奔直入军营。

穰苴闻报，亲自前来迎接，听使者说明来意，穰苴说：“将在军，军令有所不受。”说完，回头又问军正：“驾着车马在军营里奔驰，军法上是如何规定的？”军正说：“应当斩首。”

使者面如土色，抖作一团。穰苴说：“国君的使者不可斩首，但是军法不可偏废。”于是穰苴下令斩杀了使者的仆从，并砍断了车左的夹车木，杀死了车左边的马匹，向三军巡行示众。

穰苴请使者把事情的前后经过回报齐景公，然后下令三军开赴前线。

大军来到前线，田穰苴命令扎下大营，做好战斗准备。

其间，从士兵安营扎寨、掘井立灶、饮水吃饭到向染病的士兵探问疾病、安排医药，穰苴都亲自过问并好言抚慰。

在日常生活中，穰苴也不搞特殊化，相反还把将军的“特供”全部分给士兵，自己和士兵一样平分军粮。为了照顾老弱病残，穰苴下令把这些人单独统计留在军营，其余的重新编制军队，准备出战。

结果出战之日，那些病弱的士兵也纷纷走出军营，请求杀敌报国，报答穰苴的恩德。

消息传到晋军大营，晋军将领感到了深深的恐惧，下令撤兵回国。燕国军队听说晋军撤退，也急忙渡过黄河向北撤退。渡过黄河后，燕军放松了警惕，被尾随而来的穰苴抓住战机，一举击溃，趁机收复了被占领土。

穰苴率兵凯旋，还未到国都，就下令军队解除战备，取消战时的军规号令，宣誓立盟后进入国都。

景公大喜过望，亲自率领文武官员出城迎接，并按照礼仪慰劳全体将士后，才回到寝宫。随后景公在朝堂上亲切地接见了田穰苴，十分敬重地任命他为大司马。由此，田氏在齐国的地位一天天显贵起来。

但所谓盗憎主人，司马穰苴家族日益显贵，引起了大夫鲍氏、高氏、国氏一班人的忌恨，于是三大家族一有机会就在景公面前中伤、诬陷穰苴。

“夫在殷忧则竭诚以待下，既得志则纵情以傲物”。齐景公本来就是“顽主”，又加上穰苴此前杀死了自己的嬖臣庄贾，这新仇旧恨一起涌上心头，景公头脑一热，下令对穰苴做“免职”处分。

忠心耿耿忙碌半生，又回到了起点，田穰苴气恨难平，发病而死。

由此，田氏家族和高、国两家结下了梁子。公元前 481 年六月，齐简公被田常杀害，高、国两家一同被灭族。

国学经典欣赏

约束既定，夕时，庄贾乃至。穰苴曰：“何后期为？”贾谢曰：“不佞大夫亲戚送之，故留。”穰苴曰：“将受命之日则忘其家，临军约束则忘其亲，援枹鼓之急则忘其身。今敌国深侵，邦内骚动，士卒暴露于境，君寝不安席，食不甘味，百姓之命皆悬于君，何谓相送乎！”召军正问曰：“军法期而后至者云何？”对曰：“当斩。”庄贾惧，使人驰报景公，请救。既往，未及反，于是遂斩庄贾以徇三军。三军之士皆振栗。

——《史记·司马穰苴列传》

11
"病有六不治"
讳疾忌医

扁鹊是渤海郡人，叫秦越人。年轻时在一家客馆打工，做主管。机缘巧合，他认识了一个奇人——长桑君。

扁鹊感觉长桑君不同凡俗，于是对他很优待，两人陆陆续续交往了十多年，一天，长桑君给了扁鹊一味药和一些药方，告诉他如此这般后忽然从此消失，扁鹊惊讶之余遵命行事，慢慢有了行医看病的本领。

扁鹊的行医地点主要是齐国和赵国。有一年，扁鹊去晋国行医，恰逢权臣赵简子昏迷不醒，属下都惊慌失措，请来扁鹊诊治。扁鹊诊疗一番后说赵简子血脉正常，会在三天后苏醒。果然，三天后赵简子醒来，说自己昏迷中被天帝召见，告诉他七代以后，晋国就要灭亡；秦国将要打败周人，云云。随从董安记下了赵简子的话，并把扁鹊诊疗结论告诉了赵简子，赵简子很佩服，赐给扁鹊四万亩地。

此后，扁鹊路过虢国，恰逢虢国太子因尸厥昏死，扁鹊问明太子的死因、情状和时辰后说，可以让太子起死回生。见到虢君后，扁鹊说出了自己的判断，以笔者的理解大意是阴阳失衡、气闭不通所致。征得同意后，扁鹊先让弟子磨砺针石，取百会穴下针，果然太子很快苏醒，扁鹊又开出汤剂进行调理，太子很快痊愈。

扁鹊起死回生，声名大噪。他到邯郸时，看到当地人尊重妇女，便化身妇科专家。到秦都咸阳时，得知当地人喜欢孩子，便化身儿科大夫。到洛阳时，得知周人尊老，便主治老年病。

有一年，扁鹊行医至齐国，蔡桓公以宾客相待。讳疾忌医的故事，由此发生。会见时，精通望闻问切之术的扁鹊告诉蔡桓公说："您的皮肤和肌肉之间有点小毛病，不治疗的话会进一步恶化。"

蔡桓公笑了，说："我没病。"

扁鹊见话不投机，告辞走。蔡桓公对左右说："医生喜欢功利，想把没病的人说成有病，然后当成自己诊疗的功劳。"

出乎蔡桓公意料的是，五天后扁鹊再次求见说："您的病已经进了血脉，再不治疗会更严重。"蔡桓公很不高兴地说："我没病。"

又过了五天，扁鹊再次求见说："您的病已经进了肠胃，不能再拖延了。"

蔡桓公干脆不再搭理扁鹊，气呼呼地看着扁鹊走远。

五天后，扁鹊再次求见，但见面后便后退着走了。蔡桓公很奇怪，派人追问。扁鹊说："疾病在腠理，汤剂、药熨可以治愈；疾病在血脉，针石可以治疗；在肠胃，可用药酒治疗。但疾病一旦入了骨髓，那就只能听天由命了。现在桓公的病已经深入骨髓，我不敢治了。"

果不其然，五天后蔡桓公突然发病，派人急召扁鹊，而扁鹊已经逃出齐国，蔡桓公病死。

《史记》上说，世上有六种病无法医治：傲慢放纵不讲道理，一不治；轻身重财（要钱不要命），二不治；衣着饮食不调节舒适，三不治；阴阳错乱、五脏功能不正常，四不治；身体羸弱不能服药，五不治；信巫不信医，六不治。以上六种情形有其一，就很难医治了。

国学经典欣赏

使圣人预知微，能使良臣得蚤从事，则疾可已，身可活也。人之所病，病疾多；而医之所病，病道少。故病有六不治：骄恣不论于理，一不治也；轻身重财，二不治也；衣食不能适，三不治也；阴阳并，藏气不定，四不治也；形羸不能服药，五不治也；信巫不信医，六不治也。有此一者，则重难治也。

——《史记·扁鹊仓公列传》

12

春秋小霸手段高

处心积虑

《郑伯克段于鄢》是一篇影响深远、写作技巧成熟老到的美文，主要讲述鲁隐公元年（公元前 722 年），郑庄公与弟弟共叔段之间为争夺君权而进行的一场残酷斗争。整篇文章人物形象生动鲜明、结构精巧、详略得当、情节跌宕起伏。把郑庄公的“装”、共叔段的“贪”和母亲姜氏的“偏”表现得淋漓尽致。清朝名著《古文观止》将其列为首篇。

除了文学艺术上的成就，个人以为，《郑伯克段于鄢》引人关注，还在于它指出了一个中国人千百年以来纠结不已的“痛点”，即亲情与国法如何抉择、家庭成员之间发生矛盾冲突时应当如何处理的问题。

当初郑庄公的母亲姜氏生他时难产（寤生），大概母子俩都从鬼门关走了一遭，因此姜氏对他非常不喜（遂恶之），竟然干脆连乳名也叫成了“寤生”。

再后来，姜氏又有了小儿子共叔段，非常喜欢，以至于三番五次吹枕边风怂恿老公（郑武公）废长立幼，但郑武公一直没有点头（公弗许）。因为立嫡以长不以贤，这是当时的不成文的规矩。

郑武公去世后，庄公即位。但姜氏并没有纠偏，反倒费尽心机甚至公然违反国家法度的规制，不择手段地为共叔段索要封地。郑庄公心里不痛快，却一再让步。共叔段见有母亲撑腰，野心不断膨胀，不仅招兵买马、扩展势力范围，还计划以母亲为内应，伺机夺取最高权力。但这一切并没有逃过郑庄公警惕的眼睛，只是郑庄公充分发挥了“装”的本事，一直隐忍不发，直到共叔段自己跳出来造反，才迎头痛击之。要说共叔段也确实烂泥巴糊不上墙，一击即溃，逃命了事。

行文至此，《春秋左传》道出了“郑伯克段于鄢”六个字隐藏的丰富含义：“段不弟，故不言弟；如二君（作战），故曰克；称郑伯，讥失教也，谓之郑志。”

《春秋穀梁传》更进一步解释说：“克者何？能也。何能也？能杀也……段失子弟之道矣，贱段而甚郑伯也。何甚乎郑伯？甚郑伯之处心积虑成于杀也。于鄢，远也，犹曰取之其母之怀之云尔，甚之也。然则为郑伯者，宜奈何？缓追逸贼，亲亲之道也。”

这就是“春秋笔法”，而且还出现了“处心积虑”这个成语，短短四个字就把郑庄公的虚伪、奸诈揭露无遗。郑庄公之所以受到不留情面的揭露与批判，就在于他所谓的敌人是自己的亲弟弟，他原本有能力避免悲剧的发生，却采取了纵容默许的态度，实际上是对自己的一奶同胞搞引蛇出洞的把戏，然后再施以辣手，上演手足相残的悲剧一幕。随后，姜氏也受到牵连和惩罚，郑庄公撂下狠话说“不及黄泉，无相见也”，将其赶出了都城。

大叔完聚，缮甲兵，具卒乘，将袭郑。夫人将启之。公闻其期，曰：“可矣！”命子封帅车二百乘以伐京。京叛大叔段，段入于鄢，公伐诸鄢。五月辛丑，大叔出奔共。

书曰：“郑伯克段于鄢。”段不弟，故不言弟；如二君，故曰克；称郑伯，讥失教也；谓之郑志，不言出奔，难之也。

——《左传·隐公元年》

13
卫国公子杀兄自立
众叛亲离

古今中外，说书唱戏，正史野史中，关于孩子教育成功和失败的案例比比皆是，以至于曹雪芹先生在《红楼梦》中哀叹说“训有方，保不定日后做强梁”。且时至今日，担负着教育使命的家长和老师们依然任重道远。但无论世事如何变迁，一些基本的规则是不会改变的，比如“惯子如杀子”，比如“娇养生狠子”，比如下面这个故事。

据《左传·隐公三年传》记载，公元前720年，卫庄公娶齐国太子得臣的妹妹庄姜为妻。庄姜是个貌若天仙、倾国倾城的大美人。

然而或许天妒红颜，庄姜始终未能生育，不得已过继了一个儿子，即后来的卫桓公。再后来，庄公的爱妾又生了一个儿子——州吁。大概是老来得子，卫庄公对州吁非常宠爱和娇惯。州吁则从小就喜爱舞枪弄棒，调皮捣蛋，弄得庄姜十分厌恶。大臣石碏也规劝庄公说：“老臣听说，一个人如果爱惜孩子，就应该教给他正当的道理，别让他走邪路。骄横奢侈、荒淫无度，是走邪路的重要原因。而有这些恶习，是因为宠爱和赏赐太过。州吁这孩子是庶出，地位不高，但你却这么宠着，过两年如果不能做国君，他心里不满，说不定就会造反。”老石碏说得言辞恳切，口干舌燥，卫庄公频频点头，“装”出一副虚心受教的样子，但压根就没往心里去。

更悲催的是，石碏这么一个明白人，这么一个德高望重的股肱大臣，也偏偏有个不成器的儿子石厚。石厚和州吁臭味相投，时常并车出猎，骚扰民居，成为公害。石碏看在眼里，急在心上，屡次责打批评石厚别和州吁瞎掺和，无奈儿大不由爹，石厚就是不听。

石碏见儿子如此不争气，州吁又如此无法无天，而庄公无意管束，深知卫国灾祸不远。于是等到庄公去世，桓公继位后，石碏见卫桓公生性懦弱，知道他将无所作为，便借口年纪大了，辞官回家。而他所担心的事情，不久之后就不可避免地发生了，其中的“要犯”就有他的儿子石厚。

所谓姜是老的辣。正像石碏担心的那样，鲁隐公四年（公元前719年）春，卫国公子州吁作乱，杀害了自己的哥哥卫桓公，登上了国君宝座。

对于这一重大历史事件，《左传》一笔带过：“四年春，卫州吁弑桓公而立。”《史记·卫康叔世家》中记载较为详细，周平王三十七年（公元前734年），卫桓公被立为国君。第二年，因为弟弟州吁恶习不改，桓公“绌之”，州吁逃走。俗话说臭味相投，在外逃亡的日子，州吁和同样失意跑路的郑国“野心家”共叔段结成了盟友。

公元前719年，州吁笼络了部分卫国的逃亡者发动袭击，杀死了哥哥桓公，窃取了君位。

根据《东周列国志》的说法，当时周平王讣闻传来，周桓王新立，卫桓公按照惯例要去周都吊贺，这给了州吁和石厚可乘之机。次日，州吁在都城西门设宴，声称为桓公饯行，觥筹交错之间，州吁趁桓公不备，突然行刺，代兄自立。

桓公好端端的突然去世，国人议论纷纷，传言对州吁和石厚越来越不利。为了尽快树立威信，同时为了给自己的难兄难弟共叔段出头，州吁以负责战争费用等为诱饵，联合宋、陈、蔡三国出兵讨伐郑国。四国联军围困了郑国都城的东门，但仅仅五天后，州吁便以完成了战斗任务为名，劝宋、陈、蔡三国各自退兵了事。

所谓德不配位，必有余殃。杀兄自立的州吁本来其政权的合法性就存在问题，又加上喜欢打打杀杀，在卫国很不得人心。对于他可能的下场，《左传》里有一段精彩对话。

鲁隐公问众仲："卫国的州吁能成功吗？"众仲回答说："我听说国君要用仁德来团结民众，没有听说用战乱团结民众的。那个州吁滥用武力并生性残忍，不得人心，一定会众叛亲离。他亲手点燃的战火，早晚会烧到他自己。"

翻阅中国古籍，类似的告诫比比皆是，其中，我们最耳熟能详的当数孟子的"得道者多助，失道者寡助。寡助之至，亲戚畔之。多助之至，天下顺之"。但对真正的恶人来说，所谓苦口婆心的劝谏还不如一个巴掌管用。

众叛亲离的州吁最后横死了。

国学经典欣赏

公问众仲曰："卫州吁其成乎？"对曰："臣闻以德和民，不闻以乱。以乱，犹治丝而棼之也。夫州吁，阻兵而安忍。阻兵无众，安忍无亲，众叛亲离，难以济矣。夫兵犹火也，弗戢，将自焚也。夫州吁弑其君而虐用其民，于是乎不务令德，而欲以乱成，必不免矣。”

——《左传·隐公四年》

14
卫国老臣力挽狂澜
大义灭亲

州吁弑兄自立，又好动刀兵，逐渐被国人厌弃，于是向石厚请教办法。石厚转而向父亲石碏讨要主意。石碏说："州吁的君位来得不正，所以国人不服，但如果受到周天子的任命，就没问题了，你们应该去朝觐周王。眼下，陈国的国君正受到周王的宠信，卫国和陈国又关系友好，你们可以先去找陈桓公想办法疏通关系。"石厚大喜，跟着州吁一溜烟跑到了陈国。

石厚离开后，石碏立刻修书一封，派亲信快马加鞭，先期来到陈国请求支援。信中说："我们卫国弱小，我石碏又年纪大了，不能亲手除掉州吁和石厚这两个弑君叛乱的贼子，就请你们帮忙吧。"于是，等州吁和石厚一到陈国，立即被陈桓公下令拘捕，并分开羁押，随即送信让卫国酌情处置。当年九月，在石碏的主持下，卫国派大臣右宰丑去濮邑杀了州吁，石碏则派家臣獳羊肩到陈国杀了石厚。

行文至此，《左传》以君子的名义评论说："石碏，是一个纯正的臣子啊，他厌恶州吁，连儿子石厚也一起杀了，大义灭亲，大概说的就是这种事吧。”

根据《左传》记载，我们无法看出杀州吁是石碏的计策，那么为什么《春秋》写的是“卫人杀州吁于濮”？个中缘由，《公羊传》解释说，这是讨贼之辞。《穀梁传》又进一步说，这种说辞意在表明州吁该杀。综合“春秋三传”的说法，我们可以得出结论，说“卫人杀州吁”，是因为意在表明处死州吁是卫国人发自内心的维护正义之举，也就是后人所说的“乱臣贼子人人得而诛之”。由此我们也不难看出，《左传》等书已经显露出较为鲜明的“忠君”思想。

至于杀石厚，恐怕是不得不为之。石碏从一开始就禁止儿子石厚和州吁交往，奈何石厚根本不听，最终犯下不赦之罪。一个本可以留名青史的世家子弟，年纪轻轻就枉送了性命，并留下千古骂名。

国学经典欣赏

州吁未能和其民，厚问定君于石子。石子曰：“王觐为可。”曰：“何以得觐？”曰：“陈桓公方有宠于王、陈、卫方睦，若朝陈使请，必可得也。”厚从州吁如陈。石蜡使告于陈曰：“卫国褊小，老夫耄矣，无能为也。此二人者，实弑寡君，敢即图之。”陈人执之，而请莅于卫。九月，卫人使右宰丑莅杀州吁于濮，石碏使其宰獳羊肩莅杀石厚于陈。

君子曰：石碏，纯臣也，恶州吁而厚与焉，大义灭亲，其是之谓乎。

——《左传·隐公四年》

15
郑国权臣之女的艰难抉择
人尽可夫

“人尽可夫”这个成语首次出现时与贞洁毫无关系。

《左传·桓公十五年》记载：郑厉公姬突因大臣祭仲专擅国家大权，害怕危及自己的君位，就暗中派祭仲的女婿雍纠去杀他。

古人云，疏不间亲，你让女婿杀老丈人，当女婿的怎么面对自己的妻子儿女？何况你要杀的人还是你的恩人。

公元前701年夏天，厉公姬突的父亲郑庄公生了病，且病情不断恶化，于是叫来祭仲商量立接班人事宜。庄公有十一个儿子，庶子姬突最有才能，但可惜不是嫡长子，于是两人权衡再三，决定将来让世子忽继位为郑昭公，并将姬突外放到宋国，免得兄弟不睦。

问题是姬突的母亲就是宋国人，而且出身名门望族，家族势力强大。所以，慢慢地姬突就有了回国的念头，于是通过姥姥的家人说动宋庄公，帮助自己回国。宋庄公答应了。

不久之后，祭仲来宋国公干（行聘），宋庄公趁机将祭仲拘捕，逼迫祭仲答应废掉郑昭公姬忽，改立姬突。人在屋檐下，不得不低头，祭仲在死亡的威胁面前点头答应了。

祭仲回到郑国，联合部分大臣逼迫昭公退位，昭公凄凄惨惨去了卫国“政治避难”，姬突即位，是为郑厉公。但朝中大小事，皆决于祭仲，时间一长，厉公心生不满，终于动了杀机。

接到谋杀任务的雍纠估计也很纠结，结果被祭仲的女儿、自己的妻子雍姬察觉异常，于是雍姬设计灌醉了丈夫，套出了实情。雍姬陷入了致命纠结中，一个是自己的亲生父亲，一个是朝夕相伴的枕边人，谁生谁死就在她一念间。怎么办？雍姬左右为难，最后只好去找母亲请教。

这是一段载入史册的对话，雍姬问：“娘啊，您说父亲和丈夫哪一个更亲近啊？”母亲说：“傻孩子，还用说吗？是个男人就可以当丈夫（人尽可夫），可父亲只有一个啊。”

雍姬接受了母亲的观点，就提醒父亲说：“您女婿想请客，但不在家里而是在城边，我想不明白他葫芦里卖的什么药，所以来说一声。”

祭仲是把持和操纵郑国朝政的权臣，当然脑子不笨，而且也绝非善类，于是立刻杀了雍纠，并将尸体扔在周池曝尸。

郑厉公闻讯，知道大事不好，于是用车载着雍纠的尸体急急逃出了郑国（也算够义气），一边跑还一边埋怨说：“你这糊涂虫，这么大的事和妇人商量，死了也是活该。”

郑厉公这家伙还真是个传奇人物，他在流亡多年之后竟然再次复位。

公元前680年，郑厉公在齐国的帮助下，俘获郑国大夫傅瑕。傅瑕为了活命，答应帮厉公回郑国。果不其然，傅瑕杀死时任国君郑子婴及其两个儿子，郑厉公得以成功返回郑国即位。不料，厉公回国仅一个年头，又和权臣祭仲闹翻，再次出逃。这一逃足足十七个春秋，其间郑国换了三任国君，祭仲也去世。厉公又一次复任，并杀了傅瑕。

姬突死后得谥号“厉”。《谥法》曰：杀戮无辜曰厉。“厉”不是白给的。当年他老爹庄公在位时，北戎入侵，厉公曾经给庄公献出骄兵之计，大败北戎。公元前675年，厉公帮助周惠王成功复位，因勤王有功，周惠王将虎牢以东的土地赐给郑国，周朝领土再度缩小，而郑国因此复兴。

国学经典欣赏

祭仲专，郑伯患之，使其婿雍纠杀之。将享诸郊。雍姬知之，谓其母曰：“父与夫孰亲？”其母曰：“人尽夫也，父一而已，胡可比也？”遂告祭仲曰：“雍氏舍其室而将享子于郊，吾惑之，以告。”祭仲杀雍纠，尸诸周氏之汪。公载以出，曰：“谋及妇人，宜其死也。”夏，厉公出奔蔡。

——《左传·桓公十五年》

16
息侯引狼入室与蔡侯好色失国
不可向迩

据《史记·管蔡世家》记载，蔡国的始祖叫蔡叔度，是周文王的儿子，周武王的弟弟。武王伐纣之后，分封功臣和诸兄弟，蔡叔度被分到蔡国（今河南上蔡）。武王死后，成王继位，由于年纪小，周公做了“摄政王”。蔡叔度和另一个被分到管地的弟弟管叔鲜怀疑周公有不臣之心（周公恐惧流言日），挟武庚（纣王儿子）一起造反，结果被周公一举扫平，武庚和管叔被杀，蔡叔度被放逐，得到了十辆车和七十名随从。

后来，蔡叔在流放中死去，他的儿子姬胡，被周公推举为鲁国卿士（执政大夫），因为很有政绩，后被周成王重新封到蔡地。这就是史书上所说的蔡仲。

蔡仲之后的第十一位国君是蔡哀侯姬献舞，他和另一个小国——息国的国君息侯都娶了陈国女子为妻。哀侯十一年（公元前684年，同年发生长勺之战）的一天，艳若桃花的息妫出嫁路过蔡国，蔡哀侯听说后心里直发痒，就说“我小姨子来了，我得接见接见。”于是就挽留下息妫设宴款待，其间蔡侯言语轻佻戏谑，息妫含羞带怒而去。

息侯听说此事，不由得火冒三丈，恨不得立刻打上门去，但自己力量太弱小，不是人家对手，于是想了个借刀杀人之计。

主意已定，息侯派人带着厚礼去拜见楚文王说："蔡国觉得自己在中原有靠山，不肯依附您。如果您发兵假装攻打我，我向蔡侯求援，他必然带兵来救我，那时我们两下合兵，把他捉住，不怕他不乖乖听您的话。"

一心开疆拓土的楚文王当即兵发息国。一切都像息侯设想的那样，当年九月，蔡侯在莘地被楚兵俘虏，押回楚国。直到此时，他才明白中了息侯的诡计，不禁恨得咬牙切齿，连带楚王一块破口大骂，气得楚王要杀他。

生死攸关之际，楚国大臣鬻拳站了出来，告诉楚王说，杀蔡侯容易，但会影响恶劣，这事本来就是我们做得不地道，如果再把人家国君杀了，我们楚国野蛮人的形象会更加固化，不利于日后交往，但被愤怒冲昏了头脑的楚文王不为所动。

鬻拳拔刀架在楚王的脖子上逼他答应，楚王连连点头同意，下令饶恕蔡哀侯。鬻拳则因为犯上，自断一足赎罪。

蔡侯得救了，但据《史记》记载，蔡侯在楚国"生活"了九年，至死也没能回到家乡，其间他念念不忘的是复仇！

一有机会，蔡哀侯就假装不经意地赞叹息侯的夫人艳若桃花的动人姿容，直听得楚文王口水直流。最后，楚王决定到息国一探究竟。在息国国宴上，楚王提出要为息侯的夫人息妫敬酒，息侯答应了。款款而来的息妫如风飘桃花摇曳多姿，整个宴会大厅为之一亮。

第二天，楚王以答谢为名，邀请息侯赴宴，随即发动突然袭击，扣留息侯，占领了息国。急不可耐的楚王亲自领兵跑到后宫寻找息妫。

息妫跟着楚王走了，并为楚王生了两个儿子——堵敖和成王（熊恽）。但令楚王郁闷的是，自从来到楚国，艳光四射的息妫就成了冷美人。楚王很是郁闷，又不得不小心伺候，这天实在忍不住了，就问息妫为什么？息妫垂泪说："我一个女人，伺候两个丈夫，纵然死不了，又有什么面目和人说话呢？"楚文王说："这都是姬献舞这家伙教唆我干的，夫人你等着，我去收拾蔡国，替你出气。"于是，楚文王以蔡侯灭掉了息国为由，再次兵发蔡国。据说勒索了一大笔钱财才收兵回国。自始至终，受益者都是楚文王一人。

国学经典欣赏

蔡哀侯为莘故，绳息妫以语楚子。楚子如息，以食入享，遂灭息。以息妫归，生堵敖及成王焉，未言。楚子问之，对曰："吾一妇人而事二夫，纵弗能死，其又奚言？"楚子以蔡侯灭息，遂伐蔡。秋七月，楚入蔡。

君子曰："《商书》所谓'恶之易也，如火之燎于原，不可乡迩，其犹可扑灭'者，其如蔡哀侯乎。"

——《左传·庄公十四年》

17
齐鲁长勺之战
一鼓作气

公元前684年，齐鲁暴发了一场规模不大但足以载入史册的著名战役——长勺之战。

这年春天，死里逃生成功登上齐国国君宝座的公子小白（齐桓公），因为怨恨鲁国支持公子纠和自己争夺君位，不顾相国管仲内修国政、外树形象、加快发展、见机而作的建议，悍然发动侵略战争，计划一举征服鲁国。

消息传来，鲁国上下人心惶惶，不少人表面上慷慨激昂，声称要与鲁国共存亡，背地里却慌忙收拾细软，以备随时跑路。关键时刻，一个叫曹刿的乡民站了出来说："齐国没什么可怕的，我找国君去。"老乡们笑得直打跌说："军国大事，自有那些吃肉的去操心，你一个平头百姓瞎掺和什么？"

曹刿没有理会乡亲和家人的劝阻与嘲笑，毅然上路了。此时，鲁庄公正忙着制订作战计划，听说有高人求见，不禁大喜，连忙召见。

事态紧急，会见仪式一切从简，曹刿也没有客气，张口就问鲁庄公靠什么打仗。庄公说：“宫里的好吃好穿的，我不会自己独享，会拿出来和大臣们分享。”曹刿说：“这些小恩小惠不能遍及百姓，大伙是不会跟从您的。”

庄公说：“祭祀用的牛羊、玉帛，我不敢虚报数目，一定对老天说实话。”曹刿说：“小小信用，不会取得神灵的信任。神灵不会保佑您的。”

庄公又说：“要不这样，人们都痛恨审判不公，大大小小的案子，我虽然不能一一审查，但是我会要求官员们认真审判。”曹刿说：“这还差不多，能大大增强人民群众的认可。事态紧急，就加紧准备吧。对了，出征时一定叫上我。”

春暖花开，新燕翻飞。经过长途跋涉，齐鲁两国军队在长勺摆开了战场。双方列队完毕，急于求胜的齐军开始击鼓进军，鲁国军队则在军师曹刿的建议下，以弓箭手稳住阵脚，不动如山，保持了可怕的沉默。第一轮攻击未成，第二轮鼓声响起，齐军又一次蓄势待发，鲁军仍寂然不动，严阵以待。面对沉稳如山的鲁军，远道而来的齐国军队开始慌乱。此时，忽然一声鼓响，鲁军发出惊天动地的呐喊开始了迅猛冲杀，鲁庄公更是一马当先，一箭射杀了齐国的大将。众军同仇敌忾，打得齐军落花流水。

鲁国化险为夷，消息传来，人人喜不自胜。战后，曹刿说出了取胜的秘诀：“作战，是靠勇气的。只有一鼓作气，在军队处于最佳状态时发动攻击，才能克敌。花架子做多了，士气就消散了，很难取胜。”

很多人在评价这场战争时，最津津乐道的是曹刿的作战技巧，而忽略了最本质的东西——人心向背。可以说，鲁国之所以能打胜仗，除了临场发挥得好，关键的因素是上下同欲。而齐国虽然国力强大，但是手足相残的悲剧落幕不久，民心未附。孟子所谓“域民不以封疆之界，固国不以山溪之险，威天下不以兵革之利”，实在是至理名言。如果再对照《孙子兵法》，我们更会得出结论，战争最后拼的是人心。

《孙子兵法·始计篇》：“兵者，国之大事，死生之地，存亡之道，不可不察也……故校之以计，而索其情，曰：主孰有道？将孰有能？天地孰得？法令孰行？兵众孰强？士卒孰练？赏罚孰明？吾以此知胜负矣。”

齐国作为当时的军事大国，齐桓公作为后来的“春秋五霸”之首，手下的军队何以如此不堪一击，仅仅三次进攻不成就一哄而散？

据《国语》记载，被俘后的管仲到达齐国后，被安排三次以香熏身，三次沐浴。这些精致的准备工作完成后，鲍叔牙将他引荐给齐桓公。桓公则亲自出门迎接，郑重地向管仲咨询治国方略。齐桓公说：“我们的先君襄公以前崇尚女色，看不起圣贤、侮辱士人。战士吃不饱穿不暖，游乐车用坏了才改成战车，侍妾吃剩下的才给战士吃。唱优活跃在君主之前，贤才退避身后，所以国家不能进步。”（戎士冻馁，戎车待游车之剪，戎士待臣妾之余。优笑在前，贤材在后。）保家卫国的战士竟然不及戏子吃香，这样的军队怎么会有战斗力？士兵们能死心塌地冲锋陷阵？

还有一点，可能很多人奇怪，为什么曹刿单单看重鲁庄公对大小案件的审理？其实道理也简单，当一个国家的法律能真正发挥惩恶扬善的作用，民众的安全感和依附感才大大增强，在国家遭遇危险时，才心甘情愿为国奉献。这些才是内因，是鲁庄公克敌制胜的关键所在。

还有一个原因是，当时的战斗比较守规则，比如，敌人败逃五十步后就不再追杀，所以那些跑百步的才被跑五十步的笑话。再就是，当时两军作战讲究有来有往的回合式战法。以长勺之战为例，齐军击鼓进军，鲁军保持不动，齐军就立刻停止攻击，这要放在战国或者后来的王朝，早就短兵相接，打得难解难分了，鹿死谁手，还真难说。

国学经典欣赏

十年春，齐师伐我。公将战，曹刿请见。其乡人曰："肉食者谋之，又何间焉？"刿曰："肉食者鄙，未能远谋。"乃入见，问何以战。公曰："衣食所安，弗敢专也，必以分人。"对曰："小惠未遍，民弗从也。"公曰："牺牲玉帛，弗敢加也，必以信。"对曰："小信未孚，神弗福也。"公曰："小大之狱，虽不能察，必以情。"对曰："忠之属也，可以一战，战则请从。"

……遂逐齐师，既克，公问其故。对曰："夫战，勇气也。一鼓作气，再而衰，三而竭。彼竭我盈，故克之。夫大国，难测也，惧有伏焉。吾视其辙乱，望其旗靡，故逐之。"

——《左传·庄公十年》

18
春秋首霸的大国风范
言而有信

据《史记·刺客列传》记载，鲁庄公之时，手下有一位以勇力出名的猛将曹沫，但曹沫几次领兵与齐国作战都大败而归，丢失了很多土地。

鲁庄公害怕了，就献出遂邑给齐国请求讲和。齐桓公很高兴，答应与鲁庄公在柯地会盟。

虽然曹沫屡战屡败损兵折将，但庄公并没有怪罪他，仍然让他当将军。这天听说庄公要去和齐国会盟，曹沫自告奋勇要求一同前往，庄公答应了。

但出乎所有人意料的是，正当齐桓公和鲁庄公亲切会见，畅叙“兄弟般”情谊时，曹沫出其不意跳上“主席台”，亮出匕首挟持了齐桓公。

全场一片哗然，齐桓公的左右卫士本想一拥而上捉拿曹沫，又怕曹沫伤害桓公，一时间全都愣在当场。鲁庄公看着这个“二愣子”更是暗暗叫苦，原本想和齐国和好的，这下全泡汤了。

桓公小白毕竟是见过大世面的人，在短暂的慌乱之后，见曹沫并没有伤害自己的意思，就问他所为何来。曹沫说：“你们齐国强大我们鲁国弱小不假，但是你们也欺人太甚了，现在鲁国都城的城墙倒下来都能压住齐国的土地了，你还是好好考虑下应该怎么办吧。”

于是齐桓公承诺说将全部返还被侵占的鲁国国土。听齐桓公这样表态，曹沫扔下匕首，走下“主席台”，面朝北方坐到群臣的位置，“颜色不变，辞令如故”。

齐桓公却越想越气，说归还国土的话是被曹沫那小子用刀逼着说的，不能算数。管仲劝告说：“绝对不能这样做。如果为了贪图小利使自己痛快，就会在诸侯中失去信义，最终失去天下的支援。不如履行承诺，把土地还给鲁国”。齐桓公答应了。

齐桓公言而有信，在诸侯国中产生了强烈反响，以至于几百年之后汉人刘向在《新序·杂事四》中评价说：“（由此）天下诸侯翕然而归之。为鄄之会，幽之盟，诸侯莫不至焉；为阳谷之会，贯泽之盟，远国皆来。南伐强楚，以致菁茅之贡；北伐山戎，为燕开路。三存亡国，一继绝世，尊事周室，九合诸侯，一匡天下，功次三王，为五伯长，本信起于柯之盟也。”

而《新序》中所说的齐桓公“北伐山戎，为燕开路”，其背后更是一个动人的故事。

公元前664年，山戎侵犯燕国，燕庄公向齐国求助。齐桓公亲自率兵驰援燕国，经过几次殊死决战，齐燕联军把山戎赶出了燕国，追至孤竹国而还。

齐桓公班师回国，燕庄公千恩万谢，一直送到了齐国境内。当桓公意识到燕庄公越境而送后说：“除了我们周天子，诸侯相送是不能跨越国境的，我不能对燕国失礼。”于是就把燕庄公走过的地方全部送给了燕国，让燕国像召公时那样年年向周天子进贡，这实际上等于再次承认了燕国的诸侯国地位。消息传出，诸侯国无不敬佩齐桓公的懿行美德，都纷纷和齐国交好。

国学经典欣赏

齐桓公许与鲁会于柯而盟。桓公与庄公既盟于坛上，曹沫执匕首劫齐桓公，桓公左右莫敢动，而问曰：“子将何欲？”曹沫曰：“齐强鲁弱，而大国侵鲁亦甚矣。今鲁城坏即压齐境，君其图之。”桓公乃许尽归鲁之侵地。既已言，曹沫投其匕首，下坛，北面就群臣之位，颜色不变，辞令如故。桓公怒，欲倍其约。管仲曰：“不可。夫贪小利以自快，弃信于诸侯，失天下之援，不如与之。”于是桓公乃遂割鲁侵地，曹沫三战所亡地尽复予鲁。

——《史记·刺客列传》

19

鲁国内乱制造者

庆父不死，鲁难未已

公元前 662 年秋天，在曹刿帮助下大胜齐国的鲁庄公，在位三十二年后，身染重病，开始走向生命的尽头。

回望自己这一生，虽然与远祖周公旦相比远不可同日而语，但政声也算可圈可点。如今大限将至，他最放心不下的是谁来当继承人和国家能否长治久安等问题。

在病榻上思来想去，他想到了一个人，于是叫来自己同父异母的弟弟叔牙，问何人可继“大统”，果不其然，叔牙推荐了自己的亲哥哥庆父——公子仲，并极力夸赞说“庆父是难得的人才（庆父材）”。庄公心里暗暗冷笑，送走叔牙后，又即刻命人叫来自己的亲弟弟季友。季友说：“我宁可以死来保举子般（臣以死奉般）。当初您辜负了子般的母亲，现在该有所补偿了。而且庆父为人残暴，叔牙推荐他不过是为了兄弟私情而已。”这话说到了庄公心里，于是点头答应。

话说这子般并不是外人，而是庄公的亲儿子。庄公三年，建了一座阁台。一天，庄公登台远眺，恰巧看见了党氏家的漂亮大女儿孟任，心里直痒痒，于是偷偷派人请孟任“约会”。孟任不从，庄公就许诺她做正室夫人，并一起割臂盟誓。后来，孟任生下了儿子子般。庄公想立孟任为夫人，可母亲文姜不答应，而是精心挑选了齐国娘家那边齐襄公的大女儿姜氏做儿媳，但那时姜氏还是个娃娃。

所谓强扭的瓜不甜，庄公一开始就不喜欢姜氏，而且姜氏还不能生育，久而久之，倍感冷落的姜氏和庆父有了私情，并密谋夺权，让庆父当国君，叔牙为相。

正像我们在无数影视剧里看到的桥段一样，这厢庄公还未咽气，那厢“宫廷大戏”就迅速上演。季友告别庄公后，立即派人鸩杀了叔牙，不知为什么却放过了野心勃勃的庆父，给鲁国埋下了动乱的种子。

同年十月，子般的外祖父去世，子般前去吊唁。庆父秘密叫来了圉人（掌管养马的人）荦，怂恿他说：“你后背还疼吧？现在你报仇的机会来了，公子般去他姥姥家吊孝，身边人少，所谓蛟龙离水，匹夫可制。子般一死，我就是国君，你可就是开国元勋啦。”圉人荦一听，顿时热血沸腾，连夜跑到党氏家杀了公子般。

荦，本意为杂色牛。他的父母以此名之，大概早就看出这是个四肢发达头脑简单的浑小子，而事实也正是如此。

话说庄公去世的前一年，整个冬天没有雨雪，那时也没有天气预报和人工降雨，只能祈求老天开恩——行雩祭求雨。祭祀仪式的前一天，一干人等在大夫梁氏家彩排，鲁庄公的女儿，也就是公子般的一个姐妹也跟着跑出来，站在墙头瞧热闹。

正当大伙看得津津有味时，在门外值班的圉人荦也看到了墙头上的大美人，便出言调戏。公子般闻讯大怒，于是命人用鞭子把圉人荦抽了个七荤八素。庄公听说后担忧地说：“你这么打他一顿，还不如杀了他。这人是个愣头青，而且力大无穷，我担心将来对你不利啊。”但年少气盛的公子般并没有把老爹的话放在心上，结果一语成谶。

听到子般遇刺的消息，季友立刻想到是庆父作乱，慌忙逃到了陈国。庆父和姜氏密谋一番后，让圉人荦当了替罪羊，同时考虑到庄公还有两个儿子，不好篡位，就立姜氏的妹妹叔姜的小儿子、齐桓公的外甥为国君，这就是还未成年就死于非命的鲁闵公。

闵公元年（公元前 661 年）的冬天，齐国派仲孙湫来鲁国慰问。借机察看鲁国国政，回到齐国后，仲孙湫告诉齐桓公说：“庆父这家伙一天不死，鲁国就一天安生不了（庆父不死，鲁难未已）。”

而事实也正像仲孙湫的判断一样。闵公二年，贼心不死的野心家、“国妖”庆父又对闵公亮出了屠刀。与谋杀公子般一样，庆父这次仍是借刀杀人。不同的是，这次被利用的“鬼头刀”叫卜齮。当初，闵公的老师（太傅）强占了卜齮家的地，官司打到闵公那里，闵公“办”了人情案，卜齮怀恨在心，结果被庆父挑拨利用，趁夜色在武闱杀了闵公。消息传来，季友拉起睡梦中的公子申（闵公的哥哥）逃到了邾国。

短短两年，一位公子一位国君遇害，鲁国群情激奋，熊熊怒火烧向了卜齮和幕后黑手庆父。庆父见势不妙，赶紧乔装打扮一番，带上大量贵重珠宝，逃到了莒国。

季友听说庆父逃走，鲁国出现权力真空，一边派人向齐桓公求援，一边保着公子申急急回国。公子申，即鲁僖公。

僖公即位后，把复仇的屠刀指向了人神共愤的“国妖”——庆父，于是派人带着厚礼来到莒国，要求定点清除。莒人见此时的庆父既无巨额存款又无绝密情报，留着反倒是个累赘，就毫不客气地下了逐客令。

走投无路的庆父只好待在汶水边的馆驿里寻找出路。一天，出使齐国归来的公子鱼路过馆驿，庆父就哀求公子鱼帮忙说和，希望饶恕他的罪过，让他重回鲁国。

庆父的异想天开之举被新近即位的鲁僖公坚决拒绝。忠厚老实的公子鱼觉得没脸见庆父，就在门外放声大哭。庆父听到哭声，心里一下全明白了说："子鱼回来后不见我，而是在外面哭，一定是鲁国容不下我了。"说完，庆父解下衣带，在车辕中间的横木上自缢而死（抗辀经而死），结束了可耻而罪恶的一生。

随后，与庆父狼狈为奸的姜氏，被齐桓公作为家族耻辱和乱政的祸水而逼迫自杀，死讯飞报鲁国。但僖公认为"母子之情，不可绝也"，遂隆重埋葬了姜氏，谥号"哀"，是为"哀姜"，后又请入太庙祭祀。

国学经典欣赏

齐仲孙湫来省难，书曰"仲孙"，亦嘉之也。仲孙归曰："不去庆父，鲁难未已。"公曰："若之何而去之？"对曰："难不已，将自毙，君其待之。"

——《左传·闵公元年》

20
齐桓公伐楚
风马牛不相及

齐桓公即位后，在管仲、宁戚等人的辅佐下，选贤任能，励精图治。军事上“军民合一”，建立了五家为一单元的军事制度；经济上，令士农工商“同类”择地而居，各安其业。同时因地制宜，“设轻重鱼盐之利”，并以部分收入救济穷困。在外交上，则“尊王攘夷”，曾九合诸侯，一匡天下，很快成为毫无争议的“春秋五霸”之首。

但所谓金无足赤，人无完人。桓公晚年，无可避免地走入了贪图享乐的泥淖。《史记》记载，“桓公好内，多内宠”，先后有夫人三个（王姬、徐姬、蔡姬），都没有生儿子；但如夫人六个，每人生一个儿子。也就是说，桓公没有嫡长子，这给后来的齐国内乱埋下了伏笔。

单说蔡姬，蔡姬是蔡国国君——蔡穆公的妹妹，在桓公夫人徐姬死后，成为桓公的第三任夫人。蔡姬嫁给齐桓公时，还很年轻，又加上如花似玉，所以很受宠爱。

公元前 657 年的一天，桓公领着蔡姬去宫苑水上游玩。蔡姬熟习水性，加上生性活泼，忽然灵机一动，想摇晃小船吓唬一下桓公。

蔡姬把小船摇来晃去，眉飞色舞，桓公却早吓得脸色发灰，手脚冰凉，连声制止蔡姬的危险举动。但是顽皮的蔡姬并不理会，继续起劲地摇来晃去，一时间，湖面上水花荡漾，小船摇摇欲坠，这可把养尊处优的桓公吓得够呛，更气得发狂，当即大发雷霆，把蔡姬赶回了蔡国。

这厢蔡姬哭啼啼回了娘家，大哥蔡穆公一见，齐桓公这棵大树没了，不禁又生气又绝望，不久就让蔡姬另攀高枝，据《东周列国志》的说法是嫁给了楚成王，还当了夫人。

活泼可爱的蔡姬走了，身边少了嬉笑逗乐的人，桓公心里一下变得空落落的。但自己毕竟是一国之君，不好轻易低头。还有两人平日恩爱，说不定过两天自己的大舅哥就会把妹子送回来。哪知道，宫外却传来了蔡姬另嫁他人的消息。齐桓公既惊且怒，决定向蔡国兴师问罪。

第二年春天，在照例占卜之后，由齐国牵头组成的八国军队浩浩荡荡兵发蔡国。弹丸之地的蔡国一触即溃。联军马不停蹄，势如破竹，剑指南方强国——楚国。

这么大的齐桓公，为了一个女人如此兴师动众，难免让人笑话，关键还捎带上了无辜的“第三者”——楚国，实在说不过去。

所以，还未等联军犯境，楚国就派出了大臣屈完挡在路上说：“你们住在北海边，我们在南海，风（畜类牝牡相诱）马牛不相及，不料现在你们突然带兵来打我们，到底几个意思？”面对对方理直气壮的质问，桓公一时语塞，这时一旁闪出齐国杰出的政治家、军事家、经济学家和外交家管仲说：“看来你们觉得很委屈，那我来告诉你。当年周成王封我先君太公于齐，使召穆公赐命说，周朝的五侯九伯，齐国可以世代享有征伐权，以此来辅佐周王室。你们楚国仗着自己强大，随便欺负周边小国，行径恶劣就不说了，就说周王室必需的特供——苞茅这一项，你们多少年不进贡，王室没有了沥酒的东西，耽误王室的祭祀大典，这是不是罪过？周昭王来南方征伐却没能回家，我们来问问怎么回事，行不行？”

屈完长舒了口气说：“嗨，就这点小事啊。我们忘记供应苞茅，的确是我们的错，我们改就是了。至于你说昭王南征未返，这都多少年的陈谷子烂芝麻了，为这事来攻打我们，也太扯了吧？你们应该去昭王落水的水边问问。”

尽管楚国服了软，但是联军千里迢迢地赶来，除了痛打蔡国，还有一个目的就是威慑在南方称王称霸、开疆拓土的楚国，让人几句话就打发了，这不是桓公的风格。因此，送走屈完后，联军继续挥师南下，最后在楚国的陉地驻扎下来，伺机而动。

当然，齐桓公也明白，敢于冒天下之大不韪僭越称王的楚国不是“软柿子”蔡国。因此，为了避免两败俱伤的局面，两国几经交涉后，在管仲等人的建议下，齐桓公答应了楚国使臣的请求，在召陵签订了和平条约。

外交是博弈和妥协的艺术，此之谓也。

《史记》说，“桓公实怒蔡姬，南袭蔡，管仲因而伐楚，责苞茅不入贡于周室”。扯虎皮拉大旗，古来如此。春秋无义战，由此可知。

国学经典欣赏

四年春，齐侯以诸侯之师侵蔡，蔡溃，遂伐楚。

楚子使与师言曰：“君处北海，寡人处南海，唯是风马牛不相及也。不虞君之涉吾地也，何故？”管仲对曰：“昔召康公命我先君太公曰：

‘五侯九伯，女实征之，以夹辅周室。’赐我先君履：东至于海，西至于河，南至于穆陵，北至于无棣。尔贡包茅不入，王祭不共，无以缩酒，寡人是征；昭王南征而不复，寡人是问。”对曰：“贡之不入，寡君之罪也，敢不共给？昭王之不复，君其问诸水滨。”

——《左传·僖公四年》

21
晋献公假道伐虢
唇亡齿寒

公元前676年，晋国迎来了一个战斗力爆表的国君——晋献公诡诸。据统计，献公一生“并国十七，服国三十八”。子嗣众多，其中一个是毫无争议的“春秋五霸”之一——晋文公重耳。当然，献公也有缺点——“寡人之疾（好色）”，妻妾中甚至包括老爹的女人——齐姜（后来生了太子申生）。这一缺点放在普通人身上，最多是道德缺陷，而应在国君身上，则可能是巨大灾难。

献公五年（前672年），晋军攻打少数民族骊戎。此役在大获全胜之余，更有一个意外收获，骊戎献上了两个大美女——姐姐骊姬和妹妹少姬，献公照单全收，“俱爱幸之”。

据《国语》记载，兴兵伐骊戎前，献公按照惯例命史苏占卜，卦象为“胜而不吉”“齿牙（谗言）为祸”，大意是作战取胜但并不吉利，后续会有谗言之祸。晋献公没有理会，照常发兵。而今骊戎臣服，美人在怀，献公乐不可支，命人在朝堂备下酒宴庆贺，并特地赏了史苏一杯酒，但不准吃菜，因为他只算对了一半。

也许真应了那句话，英雄难过美人关。献公至死也没看明白，外表千娇百媚、楚楚可怜的骊姬是个标准的蛇蝎美人。在她的精心策划下，献公逼死了心地善良、事亲至孝的太子申生，逼走了公子重耳、夷吾等人。献公死后，晋国随即陷入内乱，接连死了四位国君，直到秦穆公出手，才稳定了晋国局势。

这厢献公看不清自己的枕边人骊姬，而在晋的邻国则有一位国君怎么也看不透献公。这就是“唇亡齿寒”的故事。

公元前658年，不断开疆拓土的晋献公瞄准了两个邻国——虢国和虞国，但又担心两国联合反抗，于是大夫荀息献了一个一箭双雕的妙计，先将屈地产的宝马和垂棘产的玉璧送给虞国国君，请求借道攻打虢国，再伺机消灭虞国。晋献公有些舍不得。荀息开导说，如果由此而得到了虞国，那么这些宝贝放在虢国，就像放在了您外府库里一样，太划算了。献公又担心虢国有一个明眼人宫之奇会识破他们的诡计。荀息说：“虞君贪婪好利，目光短浅。而宫之奇性格懦弱，不会坚决进谏劝阻，而且他和国君是发小，虞君只是对他亲昵，却不尊重他的意见，即使进谏，虞君也不会听从的。”

果然，看到献公进献的美玉和宝马后，虞君高兴得忘乎所以，不但满口答应借道给晋军，而且还争着当急先锋，打头阵。宫之奇在一旁连连劝谏，无奈油脂蒙了心的虞君根本听不进。经过这次战役，原本互为盟友的虢、虞两国彻底交恶，给晋国分而灭之创造了良机。

更有意思的是，三年过后，鬼迷心窍的虞君仍没有参透晋国的诡计，再一次按照晋国的请求助其假途灭虢。看着自己的发小如此鬼迷心窍，宫之奇晓之以理动之以情说：“虢国与虞国唇齿相依，虢国灭亡了，下一个就是虞国。您看我们的脸颊和牙床骨紧紧依靠着，嘴唇没了，牙齿就会感到寒冷啊。”虞君说：“我和晋国是同宗，他们不会害我。”宫之奇摆事实说：“晋君连对自己有威胁的亲人都下杀手，何况是咱们虞国呢？”虞君说：“我的祭品丰盛整洁，神会保佑我。”宫之奇讲道理说：“如果晋国也和您一样奉上丰盛干净的祭品，难道神会吐出来吗？”宫之奇苦口婆心，无奈虞君油盐不进。最后，仁至义尽的宫之奇知道已经无力归天，只好带领全家逃离了虞国。

当年冬天，晋国军队借道虞国消灭了虢国，随即趁虞国不备，占领了虞国都城，俘虏了虞君，先前送给虞君的宝马美玉一件不少地重归晋国。抚摸着“失而复得”的宝马，献公感慨地说：“马还是我的马，就是牙齿长了。”说完，荀息和献公仰天大笑。

时至今日，通过发黄的史书，我们似乎仍能看到献公和荀息得意扬扬和嘲讽的笑脸。

但足智多谋的荀息没有想到，此时，他出谋划策欺骗虞君，灭了虞国，最终却因为遵守对献公的承诺（帮助公子奚齐继位）掉了脑袋。而晋献公一生豪强，却被一个弱女子玩弄于股掌之上，使其苦心经营的庞大国家差点毁于一旦。此为后话。

国学经典欣赏

晋侯复假道于虞以伐虢。宫之奇谏曰：“虢，虞之表也。虢亡，虞必从之。晋不可启，寇不可玩。一之谓甚，其可再乎？谚所谓‘辅车相依，唇亡齿寒’者，其虞、虢之谓也。”公曰：“晋，吾宗也，岂害我哉？”……弗听，许晋使。

……冬十二月丙子朔，晋灭虢，虢公丑奔京师。师还，馆于虞，遂袭虞，灭之，执虞公及其大夫井伯，以媵秦穆姬。

——《左传·僖公五年》

22
申侯因言取祸
予取予求

楚文王是一个率性而为的人，他胸怀大志、开疆拓土，但又耽于玩乐、玩物丧志；心胸宽广，知错能改，又宠信宵小，明知故犯。

据南朝刘义庆《幽明录》记载："楚文王少时好猎……猎于云梦，置网云布，烟烧张天。"《吕氏春秋·直谏篇》记载，有一次，楚文王得到茹黄产的猎狗和宽路产的名箭，一溜烟跑到云梦泽打猎，三个月没回家。再后来，他从丹地得到了一个大美女，纵情狂欢，整整一年不上朝。他的师傅葆申坐不住了，找到他说："先王让我辅佐您，给了我惩罚您的权力。现在您沉迷于游猎和美色荒废朝政，我要用鞭刑惩罚您。"楚文王害怕了，就涎着脸哀求说："我从小就位列诸侯，如果被鞭子打了多没有面子，要不换一种方式？"葆申不为所动说："我死也不敢违背先王的命令。"楚文王无奈，只好乖乖趴在席子上等着挨打。葆申把五十根细荆条绑好，跪着放在楚文王的背上，拿起来，又放上去，然后说："您起来吧。"楚文王很惊讶说："这就算打了？你看，我反正也落了个挨鞭打的名声，要不你就结结实实打几下？”葆申说：“打您不是目的。如果您压根就不想改正，打了也是白打。”说完，葆申告辞出宫，自我流放到澡渊边上，并请求治罪。楚文王很受震撼，亲自请回葆申，诚恳改正了错误。

类似勇于纳谏的故事，楚文王还有多次，比如前文提到的鬻拳拿刀逼他饶恕蔡哀侯。那次劝谏后，鬻拳自断一脚赎罪，文王很难过也很感动，就委任他做了守卫国都城门的官员。

公元前675前春天，楚文王带兵抵御巴军，在津地被打得大败，脸上还被射了一箭，狼狈回国。到了都城门口，鬻拳拒不开门说：“自先王以来，我们楚军攻无不克，战无不胜。巴国，一个巴掌大的国家，大王您亲自出征还打了败仗，岂不被天下人耻笑？这样吧，您想要进城也行，掉头去打那个不来朝贡的黄国，如果胜利了，还能洗刷这次兵败的耻辱！”看老倔头鬻拳拒不开城门，楚文王无奈掉头进攻黄国，并在踖陵打败了黄军。但在回国途中，楚文王因箭伤发作而去世，和他犯心脏病而死的父亲一样，牺牲在行军途中。噩耗传来，鬻拳命人打开城门，泪流满面地跪迎文王回家。安葬文王后，鬻拳找到继位的楚成王说自己两次冒犯君王，罪该万死，又自断一足，并引剑自刎，给楚文王陪葬。

掉头说病危时的楚文王，所谓人之将死其言也善，据《左传》记载，楚文王弥留之际，派人招来了自己最喜爱的手下——申国的亡国之君申侯，给他一块玉璧说：“只有我最了解你的为人，你贪图财物从不满足。从我这里取，从我这里求（予取予求），我不会怪罪于你。但是后人会眼红你的财产，可能会图财害命。所以我死后你马上走，而且不要到小国去，小国容不下你。”

申侯原本就是个巧舌如簧、见风使舵的家伙，安葬了文王后，他立即脚底抹油跑到了郑国，并很快就受到了郑厉公的喜爱，还做了大夫。

公元前653年春天，齐国攻打首鼠两端的郑国，在陈国大夫辕涛涂的谗言之下，郑国为了取悦齐国，杀掉了申侯。

原本是不同国家的人，为何结了梁子？还得从公元前656年说起。当年齐桓公带领八国军队和楚国举行召陵会盟后回国。辕涛涂考虑到国家弱小，就对郑国大夫申侯说，齐军要经过陈国和郑国，但咱们财力有限，恐怕承受不了，不如请他们向东走，顺便向东夷炫耀一下武力，然后沿着海边回国，可一举两得。申侯满口答应，但暗地里却对齐桓公说："军队出来这么久，已经很疲惫了，选择向东走很有可能陷入夷人的埋伏，那就危险了。不如取道陈郑之间，还有后勤供应。"齐桓公非常高兴，让郑国把虎牢城赐给了申侯，而将辕涛涂扣押了起来。直到当年冬天，陈国和齐国签订和平条约，辕涛涂才被释放回国。

略施小计，竟拥有了自己的一亩三分地，申侯那是相当惬意。话说这天，就在他得意扬扬的时候，忽然来了一位不速之客——辕涛涂。面对着被自己黑了一把的老相识，申侯难免有些尴尬，哪知辕涛涂却没事人一般，一见面就亲热得不得了。

一番寒暄过后，辕涛涂提出想参观一下虎牢城的美丽风光，申侯自然满口答应。一路走下，辕涛涂赞不绝口，然后话锋一转说："您这里好是好，就是还差那么一点。我觉得应该修筑城墙，城修筑得美观，名声就大，连子孙后代都会记得您的功绩。这样吧，我替您斡旋这件事。"说干就干，申侯立即动手，大兴土木，城墙修筑得很是美观，一时间，十里八乡的人都来围观，赞美和艳羡之情溢于言表。

就在申侯志得意满之时，一直冷眼旁观的辕涛涂径直跑到了郑文公那里说："申侯这家伙把封地的城墙建造得那么美观坚固，您知道为什么吗？我可听说了，这是准备将来叛乱的。您想，楚文王对他那么好，结果文王一死，他立马跑路，您觉得他会和您一条心？”

郑文公一听，不禁勃然大怒。此时，恰巧齐国借口郑国背叛自己三番五次兴师问罪。郑文公眼珠一转，把背叛齐国的责任推给了申侯，命人砍下申侯的脑袋，向齐国求和。靠耍嘴皮子吃饭的申侯，最终死在了别人的嘴巴上。

国学经典欣赏

夏，郑杀申侯以说于齐，且用陈辕涛涂之谮也。

初，申侯，申出也，有宠于楚文王。文王将死，与之璧，使行，曰：“唯我知女，女专利而不厌，予取予求，不女疵瑕也。后之人将求多于女，女必不免。我死，女必速行。无适小国，将不女容焉。”既葬，出奔郑，又有宠于厉公。子文闻其死也，曰：“古人有言曰：‘知臣莫若君。’弗可改也已。”

——《左传·僖公七年》

23
晋惠公以怨报德
背信弃义

公元前647年冬天，晋国发生了大饥荒，危难之际，晋惠公想到了自己的姐夫秦穆公。对于是否援助这个言而无信的内弟，秦穆公颇有些踌躇，于是召集君臣议事。大夫丕豹等人认为，晋国言而无信世人皆知，而且又杀了大臣里克等人，民心不附，此时不但不应该援助它粮食，还应该趁机攻打它。而秦穆公最终采纳了大夫百里奚的建议："我们讨厌的是晋君夷吾，晋国人民没有罪过。上天祸殃流行，每个国家都可能交替遇到。再说扶危济困，这是人间正道，我们不能向天下人展示秦国失道。"随后，秦国动用了大批船只，通过黄河向晋国输送救济粮，粮船从秦国的都城一直到晋国的都城绵延不断，史称"泛舟之役。"

转眼一年过去了，这年冬天，秦国也发生了大饥荒，秦穆公派出使者向晋国求援。晋惠公同样召集群臣议事。大夫虢射首先表示反对说："我们曾经在土地割让上失信于秦国，现在即便卖粮给它，也不会减损秦国的仇怨，而且会让他们更加强大。"大夫庆郑说："我们违背诺言又幸灾乐祸，这是失德。如此背信弃义之举，必将为人民所唾弃，而且秦国一定会因此发兵攻打晋国，你们一定会后悔的。”无奈，晋惠公不听，而且还趁机发兵攻打秦国。

公元前 645 年，熬过大饥荒的秦国迎来了丰收之年，开始将复仇的刀锋转向晋国。秦军连战连胜，长驱直入，进驻晋国韩原。晋惠公急得团团转，问庆郑说：“敌寇已经深入我国了，该怎么办啊？”庆郑说：“这可是您招来的，我也没辙，要不您问下虢射？”惠公气得只翻白眼，但又不好发作。

大敌当前，晋惠公决定亲自出马迎敌。根据占卜，庆郑担任惠公的车右武士吉利。惠公怨气未消说：“庆郑出言不逊，我偏不用他。”于是安排叔扬驾驶自己的战车，家仆徒为车右武士，用郑国出产的马拉车，然后挥师出征。庆郑劝谏说：“自古以来，像作战这样的大事，一定要乘坐本土出产的马匹。因为这样的马不会水土不服，而且熟悉本地人的训练和指挥方式。用别国的马关键时刻可能会不听指挥，那时后悔也晚了。”惠公不听，扬长而去。

结果，晋惠公很快就悔青了肠子。当年九月，在秦晋韩原之战中，晋惠公的战马陷入泥泞后呆立不动，惊慌失措的惠公向庆郑狂喊“救命”，庆郑冷笑着说：“你刚愎自用不听劝谏，又违背占卜胡乱安排，这是你自找的。”说完扬长而去。危急时刻，将军梁由靡为韩简驾着马车挡住了一马当先、一心想活捉晋惠公的秦穆公，并转败为胜，将秦穆公团团围住。这时，庆郑在一边大喊：“先救君主。”韩简闻听，放下秦穆公来救惠公，却反被随后赶来的秦军包围，晋惠公被俘。

对于这一扣人心弦、情节一再反转的故事，《左传》《国语》在关键情节上都语焉不详，好在《史记·秦本纪》给出了精彩补述。

原来，几年前秦穆公到岐山打猎，一不留神让马跑了。住在岐山下的一群老百姓发现后，把马捉住，一时嘴馋，杀掉吃了。闻讯而来的官吏大怒，把所有参与分吃马肉的共三百多人全部捉住，要依法处置。秦穆公闻讯说："君子不会因为牲畜而害人性命。而且我还听说，吃了战马的肉不喝酒会伤人身体，一定让他们都喝点酒再放回家。"

吃了国君的马不仅没有被问罪反倒被优待，无罪释放，这三百多人不禁感激涕零，立下誓言有机会一定要报答穆公恩情。所以，韩原之战中，秦穆公身陷重围即将被俘的关键时刻，正是这三百多人冲锋陷阵，救了穆公。

忘恩负义的晋惠公做了秦国俘虏，消息传来，秦军上下军心振奋，秦穆公传下号令，择吉日良辰，把惠公洗干净剐了祭祀宗庙和上天。消息传到周王朝，周天子派使者前来求情，穆公不为所动。消息传进内廷，穆公夫人穿着丧服光着脚带着两个儿子和一个女儿站在柴草堆上对穆公说："上天降下灾祸，使两位国君刀兵相见。我不能救我弟弟的性命，使您受到侮辱，那么就让我陪他死吧。"

在周天子和夫人的强大压力下，秦穆公放弃了杀惠公祭天的想法。当年十一月，晋惠公被释放回国。

值得一提的是，当年，晋国又发生了大饥荒。秦穆公再次以德报怨，向晋国输送粮食，救济灾民。

国学经典欣赏

冬，晋荐饥，使乞籴于秦。秦伯谓子桑："与诸乎？"对曰："重施而报，君将何求？重施而不报，其民必携，携而讨焉，无众，必败。"谓百里："与诸乎？"对曰："天灾流行，国家代有，救灾恤邻，道也。行道有福。"丕郑之子豹在秦，请伐晋。秦伯曰："其君是恶，其民何罪？"秦于是乎输粟于晋，自雍及绛，相继，命之曰"泛舟之役"。

——《左传·僖公十三年》

24
春秋时期的最高级别俘虏
外强中干

马，在世界任何一个民族的战争史上，都绝对是重要角色。尤其在冷兵器时代，骑兵作为一种机动迅速、极具震慑力的“大规模杀伤性武器”，更是发挥了不可或缺的独特作用，甚至一次次左右战争的走向乃至一个国家的命运。

话说“万人坑”晋惠公夷吾当年从秦国回国继承君位之时，他同父异母的姐姐——前文提及的惠公被俘后光着脚板领着孩子站在柴草堆上威胁放人的秦穆公夫人——叮嘱说：“宗族的公子们，是你（治国）的根本，你回国后，一定要把他们请回去。”当时，晋惠公连连点头，但回头就当了耳旁风。不仅如此，他为了回国许诺给晋国大臣里克等人的封地和答应割让给秦国的城池也一概抵赖。最过分的是，晋国发生大饥荒时，秦国不惜血本救济，等秦国有饥荒了，夷吾先生不仅不出手相助，还趁机攻打秦国。所以，秦穆公决定教训一下这个“不要脸”的内弟。

公元前645年，熬过饥荒的秦国决定攻打晋国。在发兵之前，秦穆公按照惯例进行占卜。卜徒父用筮草占卜得“蛊”卦，结果很吉利，卦象说：“秦军将渡过黄河，毁坏侯的车子。”在秦穆公追问下，卜徒父解释说，爻辞说：“我们三次驱除敌方的一千辆兵车，还获得了一条雄狐。”雄狐指的应该是晋国的国君。“蛊”的内卦是巽，是风，外卦是艮，为山。卦象显示，我们的风吹过他们的山，吹落了果实，还得到了木材。现在秋天到了，晋人果实落地而且木材丢失，不吃败仗还能等来什么？”

需要一提的是，笔者查阅了四书五经中的《周易》，里面关于蛊卦的章节，并没有卜徒父提到的卦爻辞，只有卦辞“蛊，元亨，利涉大川”与之沾点边。考虑到《周易》版本很多，且经过千年流传变异，有区别也正常，这里就不做考据了。

和占卜结果一样，秦晋交锋后，晋军连吃了三次败仗，秦军进驻晋国的韩原。晋惠公决定在此地和秦穆公决一死战。

开战之前，晋惠公也照例命人占卜，占卜的结果是战车右边的武士应让庆郑担任（古代战车，除了驾车人，还有持短兵刃近距离格斗者和弓箭手等），但惠公因为庆郑言语冲撞他弃而不用，而让步扬驾御战车，家仆徒作为车右武士，并用从郑国“进口”小驷马拉车（四匹马拉同一辆战车）。

被老大冷落的庆郑很郁闷，但还是好心地对夷吾先生说：“自古以来像战争这样的大事，必须要乘坐本国出产的马匹。因为这种马出生在本国的水土上且知道主人的心思；安于主人的教导训斥，并且熟悉道路。无论在哪里使用，都称心如意。现在您乘坐别国产的马来参加和指挥战斗，战马如果一害怕就会失去正常状态，就会不听指挥。它的鼻子乱喷粗气，显出狡猾与愤怒；它的血液在全身奔流，血管扩张凸起，外表看起来很强壮但是内部却已经气力枯竭。这时候，它会不听指挥，进也不能，退也不能，打个回旋也不能。您一定会后悔的。”

心里有气的晋惠公根本不听。结果在韩原作战中，晋惠公的战马受到惊吓后，陷在污泥里只原地打转转，被秦军抓了俘虏。

秦穆公本来要想把晋惠公剁了祭祀祖先，多亏了他的姐姐秦穆公夫人等人拼死阻拦，晋惠公才捡了一条小命。大难不死的晋惠公事后却抱怨说，这都是当初自己的老爹晋献公不听史苏的占卜，执意把姐姐嫁给秦穆公惹的祸。陪着惠公当俘虏的将军韩简抢白说：“你那个老爹干的坏事还少吗？当初占卜不让他娶骊姬，说会引来灾祸，他还不是非娶不可？”

当了俘虏的晋惠公十分清楚自己“讨人嫌”，所以很绝望，就托人捎话说：“你回去后把都城的人叫来，用国君的命令赏赐他们。还要告诉国人，我即使回国了，也因为失败被俘给国家带来了耻辱，你们还是另外占卜一个好日子，立太子圉当国君吧。”消息传到晋国，国人感动得热泪滂沱。

话说得很动听，但当年十一月，夷吾先生被释放回国后，第一件事就是杀了一直原地等死的庆郑，然后回到国都，继续当国君。

国学经典欣赏

……三败及韩。晋侯谓庆郑曰：“寇深矣，若之何？”对曰：“君实深之，可若何！”公曰：“不孙。”卜右，庆郑吉，弗使。步扬御戎，家仆徒为右。乘小驷，郑入也。庆郑曰：“古者大事，必乘其产，生其水土而知其人心，安其教训而服习其道。唯所纳之，无不如志。今乘异产，以从戎事，及惧而变，将与人易。乱气狡愤，阴血周作，张脉偾兴，外强中干，进退不可，周旋不能。君必悔之。”弗听。

——《左传·僖公十五年》

25
春秋著名作死案例
自取灭亡

春秋时期有个小国——梁国。梁国，嬴姓梁氏，伯爵。周宣王时期立国，国都在夏阳梁山（今陕西韩城市南）。

梁国传到第七世的时候，迎来了一个喜欢建房子的国君梁伯（名字不详）。梁伯最大的爱好就是建房子，但建好后又不去住。梁国国小人少。眼看着房子越建越多，梁伯却仍不收手，民众一年到头出力流汗，低饷、无休，因此怨声载道。一些别有用心的人趁机造谣说“某某敌人要来了”，弄得人心惶惶。

“工头”把这些情况反映给梁伯，希望提高待遇并保障休息权，却被梁伯否决：“刁民闹事要待遇，不必理会。只要吓唬他们说秦国眼红我们的生活，亡我之心不死就可以了。”

于是，梁伯派人到处嚷嚷说：“秦国要进攻我们了。”结果民众一听，惊慌四散。秦穆公趁机兵发梁国，公元前 641 年，梁国灭亡。

《左传》说，梁国灭亡了。《春秋》没有记载是谁灭亡了梁国，因为是自找的（梁亡，不书其主，自取之也）。

再说齐懿公之死。

齐懿公，姜姓，吕氏，名商人，齐桓公之子。当齐懿公还是公子的时候，曾经和邴歜的父亲邴原争一块地，事情闹到管仲那里，管仲没有因为商人是齐桓公的儿子就高看一眼，把土地断给了邴原。从此商人怀恨在心，这一“恨”就是三十多年（商人在父亲齐桓公死后三十年，历经了四位国君后才即位）。

齐懿公即位时，邴原已死，但他余恨未消，竟然下令刨出邴原的尸骨，让人砍断了他的脚。管仲的家族也吓得流亡他国。

齐懿公没想到的是，他能忍，他仇家的儿子邴歜更能忍。自己的老爹被掘墓断足，邴歜在齐懿公面前不仅没有流露出任何不快，而且还心甘情愿地当起了他的车夫。

除此之外，齐懿公有个特殊的癖好——喜欢漂亮人妻，听说有个叫阎职的下属妻子非常漂亮，齐懿公便强行据为己有，还让阎职做了自己的随车保镖（骖乘）。对于这种令常人难以理解的“变态”之举，有好心人曾提醒齐懿公小心人家复仇，但齐懿公并没有在意。

所谓不作死就不会死。当年五月的一天，天渐渐地热了，齐懿公到竹林茂盛、风景秀丽的避暑圣地申池游玩。安顿好齐懿公后，邴歜和阎职到水池里洗澡。其间两人嬉笑打闹，邴歜吃了亏，就拿起马鞭抽了阎职一下，阎职一下发了火。邴歜嘲笑说：“你这人可真有意思，自己漂亮的老婆被人夺走了你都一点不生气，我打你一下怎么了？”阎职反唇相讥说：“某些人还有脸说我，我比那个父亲被砍了脚还不敢吱声的人怎么样？”

话一出口，两人都恨不得找个地缝钻进去，为了洗刷奇耻大辱，两人决定干掉齐懿公。于是，仔细谋划一番后，趁人不备，邴歜和阎职联手杀死了齐懿公，把尸体藏进竹林，又祭祀一番后，才不慌不忙地离开了齐国。

齐懿公眼巴巴等了三十多年登上王位，在位仅四年即被杀身亡。

国学经典欣赏

梁亡，不书其主，自取之也。初，梁伯好土功，亟城而弗处，民罢而弗堪，则曰："某寇将至。"乃沟公宫，曰："秦将袭我。"民惧而溃，秦遂取梁。

——《左传·僖公十九年》

26
鲁僖公有失国体
如履薄冰

鲁僖公二十二年春天，鲁国出兵讨伐邾国，占领须句，并护送须句的国君回国。

邾国，史称邾子国，曹姓、子爵，周代东方著名方国之一，是鲁国的一个附属国，地理位置约在今天的山东省邹城市境内。

须句，又作须朐，春秋时期的小国，故址大约在今山东省东平县、梁山县一带，后被鲁国所灭。

鲁国公然武力介入他国争端，心怀不满的邾人于是出兵攻打鲁国。巴掌大的国家也来挑战大国，简直是蚍蜉撼大树，可笑不自量。鲁僖公非常轻视弱小的邾国，没怎么准备就带兵迎战。鲁国权臣臧文仲劝告说："国家无所谓弱小，不能轻视。咱们没有充分准备，光靠人多，还是有些靠不住。《诗经》上说：'战战兢兢，如同靠近深渊，如同踩着薄冰。'又说：'要谨慎又谨慎啊，虽然说上天光明普照，但得到保佑不容易啊！'以先王拥有的美德，还不敢轻视困难，始终怀有戒惧心理，何况我们也是小国呢？大王你不要认为邾国弱小就不可怕。连小黄蜂、小蝎子都有毒，人们都惧怕三分，何况邾国一个国家呢？”

但是被自信冲昏了头的僖公根本不听。当年八月八日，鲁僖公带领军队与邾军在升陉交战，结果被邾军打得大败。惊慌失措的僖公连头盔都跑掉了，被邾军捡到，作为战利品挂在了鱼门上。

僖公的脸算是丢大了。

孙子有云，“兵者，国之大事，死生之地，存亡之道，不可不察也”。

如履薄冰一词出于《诗经》(又称“诗”或“诗三百”)。

《诗经》是我国古代第一部诗歌总集，在后世产生了极其深远和广泛的影响。读《左传》《国语》和《战国策》等古籍可以看到，《诗经》里的名言警句在先秦时期，经常被上至国君大臣下至黎民百姓广泛引用。毫不夸张地说，那时候的庙堂人士不会背几句《诗》，都不好意思出来见人，更没有资格做“外交官（行人)”，因为诸侯国之间的外事活动是很多时候需要以诗明志，以其中的某些篇章或者只言片语来表达外交目的。

说易行难，能言之者未必能行之。以鲁僖公为例，按说他也是很有作为的君主，但偏偏因为轻敌栽了个大跟头，屈辱的一幕被写进了史书。也正如《诗经·小旻》里的感慨：

人啊，都不敢空手打猛虎，不敢徒步过大河。但很多人只知道这很危险，却不知其他灾祸会降临。因此，面对时局我战战兢兢，就像站在深渊边上，就像踩在薄冰上一样（不踏实啊）。

国学经典欣赏

邾人以须句故出师。公卑邾，不设备而御之。臧文仲曰："国无小，不可易也。无备，虽众不可恃也。《诗》曰：'战战兢兢，如临深渊，如履薄冰。'又曰：'敬之敬之，天惟显思，命不易哉。'先王之明德，犹无不难也，无不惧也，况我小国乎！君其无谓邾小。蜂虿有毒，而况国乎？"弗听。八月丁未，公及邾师战于升陉，我师败绩。邾人获公胄，县诸鱼门。

——《左传·僖公二十二年》

27
晋国落魄公子的霸气承诺
退避三舍

他的一生是一部大写的传奇。

他活了近七十岁（按《史记》说法），却有十九年的时间过着战战兢兢甚至朝不保夕的逃亡生活。

他六十多岁才当上国君，但仅仅四年后就重创强大的楚军而一战成名，成为继齐桓公之后毫无争议的春秋霸主。

他就是重耳，其父亲是晋献公姬诡诸。前文说过，当年献公攻打骊戎，得到了两个大美女，其中一个是骊姬，两人还有了一个儿子奚齐。骊姬一心想立奚齐为太子，于是设计蛊惑晋献公逼死了太子申生，继而追杀公子重耳和夷吾等人。重耳不愿坐以待毙，爬墙逃跑，被尾随而至的“杀手”——寺人披割断了衣袖，大难不死的重耳跑到了母亲的老家翟（一作狄）国，开始了流亡生涯。

行行复行行，去国千万里，这一走就是十九年。

献公死后，晋国大臣里克等人接连杀了奚齐和卓子（《史记》作悼子），派人到翟国迎立重耳。重耳考虑到国内动荡、大臣擅权，担心也会遭遇不测，便以“违背父命逃跑，父亲死了自己没有守孝”为由回绝了使者。随后，他的弟弟夷吾被迎立为国君，是为晋惠公。

公元前637年九月，那个被秦国俘虏后传话说自己即便回到晋国也侮辱了祖宗社稷，请卜立太子圉为国君，把晋国人感动得痛哭流涕，但回国后立马变卦继续执政的晋惠公因病去世，他的儿子圉被拥立为君，是为晋怀公。

重耳流亡时已经四十三岁，在那个人均寿命很短，“人生七十古来稀”的年代可以说“年轻无、前途无”，但是却有五位贤士外加“不名者”数十人一路跟随，其中包括他的舅舅狐偃咎犯和后来的战国七雄之一赵国的始祖——赵衰，其人格魅力可见一斑。

对于这个穷途而投的落魄公子，翟国给予了相当的优待，把攻打廧咎如时抓获的两个美女中的姐姐季隗嫁给了重耳，妹妹叔隗给了赵衰。姐姐为重耳生了两个儿子伯鯈和叔刘；妹妹为赵衰生了儿子赵盾。

一晃十二年过去了。正当重耳在翟国老婆孩子热炕头之时，被秦国俘虏又放归的晋惠公对重耳起了杀心，派出上次砍下重耳袖子的寺人披和另外几名壮士预谋跨国行刺。

消息被及时传到了重耳那里，重耳决定三十六计走为上计，投奔“志在霸王、收恤诸侯”的齐桓公。临走之前，看着年轻漂亮的妻子和活泼可爱的儿子，重耳恋恋不舍地说：“你等我二十五年好吗？到时候我不回来，你再嫁人。”妻子又好气又好笑说：“我已经二十五岁了，再等你二十五年，坟上的柏树都长粗了。不过你放心吧，我和孩子会一直等着你。”就这样，在妻儿的含泪凝望中，重耳一步三回头地离开了翟国，向未知的命运奔去。

途经卫国，重耳遭到了卫文公冷遇，只好重新起程。路过五鹿（今河南濮阳东北的莎鹿城）时，饥肠辘辘的重耳向正在田里劳作的农夫讨饭吃，农夫拿起一个土块递给重耳，重耳大怒，扬起鞭子要教训农夫，子犯说："这是上天赐给您的礼物，民众奉土来服侍公子，公子还希求什么呢？大伙记着，十二年后我们会占有这片土地。"（据《国语》）重耳跪地磕头，双手捧过土块放在车上，一行人饿着肚子绝尘而去。

在齐国，重耳受到了热烈欢迎，在被赐予厚礼和马匹的同时，齐桓公还把宗室之女（齐女）嫁给他当妻子。不幸的是，第二年齐桓公就去世了，齐国发生了严重的内乱。但重耳十分享受在齐国的"温柔富贵乡"，五年过去了，毫无去意。他的随从赵衰和子犯看得心急，躲在桑树下谋划离开，不料被正在树上采桑的齐女的侍从听见，侍女回来后告诉了齐女，齐女杀了侍女，劝重耳立刻回国。不料，重耳长长打了个呵欠说："人生能够安乐就足够了，哪里还顾得上其他。我要死在这里，哪也不去。"齐女说："你是一国的公子，穷途末路时来这里可以理解，但那么多的贤士把命运寄托在你身上，你不赶快回国干一番事业，报答告慰臣下，却眷恋男女之情，我私下都为你感到羞耻。再说你不去努力，什么时候才能成功呢？"俗话说，你叫不醒一个装睡的人，齐女如此情真意切的话语，饶是放在几千年后的今天，也令人悚然动容，但问题是在重耳听来却像"春风过驴耳"，根本不为所动。

齐女见重耳铁了心要赖在齐国，就与赵衰等人谋划，想方设法灌醉了重耳，放在车上急急离开了齐国。重耳一觉醒来，齐国都城已在远方，他勃然大怒，抓起长戈要杀子犯。多亏了众人一再劝谏，万般无奈的重耳才无奈踏上了归途。临行前，重耳发下狠话说："此行若不成功，我就吃了你的肉。"

一行人来到曹国，曹共公不但不以礼相待，反倒趁着重耳洗澡时躲在一边偷窥他连在一起的肋骨（骈肋）。

曹国大夫僖负羁的妻子却看得很长远说："我看晋公子绝非池中之物，而且身边围绕着一批国相之才。不远的将来，他一定会得到晋国政权，并会征讨曹国等对他无礼的国家，你应该先和他搞好关系。"僖负羁听从了夫人的教诲，带着香喷喷、热腾腾的饭菜送给重耳一行，并专门在给重耳的饭菜下放了一块贵重精美的玉璧，重耳很是感激，收下了饭菜，但送还了玉璧。

所谓妻贤夫祸少。后来重耳发兵攻打曹国，亲自下命令禁止军队侵扰僖负羁家族，以报答上述恩德，这是后话。

再说重耳离开曹国，经过宋国（被礼遇）、郑国（被冷淡），来到了楚国。在楚国，楚成王特地遵从周礼以接待国君的规格宴请重耳，酒宴上献礼九次（主人敬酒为献，客人回敬为酢，主人再敬为酬，三者为一献之礼），庭上陈列的礼物有上百件，重耳受宠若惊。

趁着浓浓的酒意，楚成王问重耳："寡人对您这么好，您如果当了国君，会怎么报答我呢？"重耳说："您这里啥也不缺，我们晋国有的，都是您剩下的，不知道如何报答您呢？"楚成王说："您说的也倒是大实话，但是我还是想听您说说究竟怎么报答我。"重耳想了想说："如果托您的福，我回到晋国。假设有一天咱们两国交兵，在平原相遇，我会首先命令我的军队后退九十里。如果还得不到您退兵的命令，我会左手持马鞭弓箭，右手抚箭囊弓套与您交战。"

一语惊四座。楚国令尹子玉说："您应该杀了重耳，否则，总有一天这家伙会成为咱们楚国的劲敌。"但楚成王拒绝了子玉的建议，奉上厚礼送重耳踏上了回国的征程。

重耳来到秦国，受到了热烈欢迎。秦穆公特地把五位宗室之女送给重耳当老婆，其中就有重耳的侄子即现在的晋惠公的儿子圉在秦国做人质时的妻子——秦女怀嬴（文嬴）。重耳觉得别扭不想要。一天，怀嬴亲自端水让重耳洗脸。重耳洗完后，把手一挥让怀嬴离开。怀嬴大怒说："秦国晋国地位平等，你凭什么看不起我？"重耳害怕她向穆公告状，慌忙脱去上衣自囚谢罪。司空季子看出了重耳的心思说："你连圉的国家都要征伐，娶他的女人算什么？你不应该因小失大啊。"重耳于是"心甘情愿"地接受了怀嬴，穆公非常高兴。

晋惠公十四年（公元前 637 年）秋天，晋惠公因病去世，他的儿子圉继位，是为晋怀公。当年十二月，晋国大夫栾枝、郤谷等人为内应，秦军为后援，迎送重耳回国，此举遭到晋国国内反对重耳的小股军事力量的阻挠。

但此时的重耳早非吴下阿蒙。晋文公元年（前 636 年）春天，秦国护送重耳到达黄河岸边。二月壬寅日，重耳进入晋国大营；丙午日，进入曲沃；丁未日，朝拜武宫，正式继晋国国君之位，是为晋文公，群臣都纷纷跑来祝贺。形单影只的怀公逃到了高梁，戊申日，被重耳派人刺杀。至此，由骊姬一手策划导演的晋国内乱才终于平息。

重耳之所以成功，除了所谓的"天意"，还有其独特魅力加持。《史记·晋世家》说他"自少好士，年十七，有贤士五人"。可以说没有这些贤士如影随形的衬托和帮助，重耳的流亡之路将异常艰辛，甚至会遭遇不测。

重耳能屈能伸。从跪下接受"野人"的土块以及向怀嬴"自囚"谢罪这两件事就可以看出。但是在面对楚成王这种不可一世的强者时，他却豪气干云，给出了"退避三舍"的承诺，赢得了对他惺惺相惜的楚王的尊重。反倒是几个不入流的小国的国君对重耳百般轻视。

人都是有惰性的，重耳也是。幸运的是他身边有一帮贤臣和几位贤惠聪颖的女人。在他懒惰懈怠的时候，后背一直有人猛推，重耳“会当凌绝顶，一览众山小”的宏大愿景才终于实现。

国学经典欣赏

及楚，楚子飨之，曰：“公子若反晋国，则何以报不谷？”对曰：“子、女、玉、帛，则君有之，羽、毛、齿、革，则君地生焉。其波及晋国者，君之余也，其何以报君？”曰：“虽然，何以报我？”对曰：“若以君之灵，得反晋国，晋、楚治兵，遇于中原，其辟君三舍。若不获命，其左执鞭、弭，右属櫜、健，以与君周旋。”子玉请杀之。楚子曰：“晋公子广而俭，文而有礼。其从者肃而宽，忠而能力。晋侯无亲，外内恶之。吾闻姬姓，唐叔之后，其后衰者也，其将由晋公子乎。天将兴之，谁能废之？违天必有大咎。”乃送诸秦。

——《左传·僖公二十三年》

28
晋文公以直报怨
艰难险阻

鲁僖公二十八年（公元前 632 年）春天，晋文公重耳发兵攻打自己落魄流亡时冷落并羞辱自己的曹国，为了抄近路，重耳向卫国借道，被卫国一口回绝。

此举正中重耳下怀。于是，晋军掉头从南面渡过黄河，迅速攻破曹国，又挥师向卫国进发，并在正月初九那天占领了五鹿。多年前，重耳讨饭时，曾经在这里得到农夫赠送的泥块。

面对来势汹汹的晋军，有亡国之忧的曹国军队拼死抵抗，给晋军造成很大伤亡。曹人还把晋军的尸体挂在城墙上，一刀刀砍碎阻吓晋军。一时间，晋军人心浮动，重耳很是忧虑。

于是有人向重耳献计说："我们应该停止攻城，放风说要到曹国人的坟墓那安营扎寨。曹人以为我们会刨坟掘墓，一定会害怕的。"果然晋军一撤，曹国人立刻把晋军的尸体装进棺材运出城来，任由晋军抬走安葬。

看到曹军果然害怕，重耳立刻下令重新围城。三月八日这天，晋军攻破曹国都城，俘虏了国君曹共公，并指责说曹国弹丸之地，仅有的贤臣僖负羁得不到重用，坐豪华马车的宫人却达到三百多人，并且曹共公还曾经偷看别人洗澡，这是罪有应得。

在喜悦之余，重耳特别下令，不许进入曾经善待自己的曹国大夫僖负羁家，并赦免了他的族人。但是曾经一直跟随自己流亡的手下魏犨和颠颉非常生气说：“我们跟着流亡了十九年，现在又立下大功，没有得到奖赏，反倒是人家送了一碗饭就念念不忘。”于是两个愣头青悄悄带兵包围了僖负羁的家，并放起了大火。其间，魏犨不慎胸部受伤。

消息很快传到了重耳大营。当听说自己的两个得力干将公然违抗军令，擅自攻杀自己的恩人后，重耳既惊又怒，他明白，如果不杀一儆百，后果不堪设想。于是重耳立刻下令处死二人。后来在周围人的劝阻下，加上魏犨是难得的武将，重耳怒气渐消，就派人以慰问的名义去查看魏犨的伤情，如果伤势很重，就杀了他。

正躺着养伤的魏犨听说国君派人前来慰问，吓得一激灵转身爬起，命令手下赶快找来带子把自己的伤口里三层外三层包扎起来。手下不解，劝阻说：“将军伤势如此严重，应该好好躺着养伤啊。”魏犨怒斥说：“你懂什么？！”

魏犨包扎停当，精神抖擞地出来拜见使者，并说：“我们的国君如此威武，难道我敢贪图安逸吗？”说着，魏犨连连上蹿下跳。使者看了，满意地点点头，告辞而去。这厢魏犨擦去脸上因剧烈疼痛和死亡恐惧而滚滚流淌的汗水，长长舒了口气。

果不其然，不久命令传来，重耳赦免魏犨违抗军令的死罪，降级使用，而以违抗军令的罪名杀死了颠颉通报全军。消息传出，晋军上下无不惊骇。

话分两头。就在晋军攻打曹国的时候，楚成王领导的军队正攻打宋国，并攻城略地，直指宋国首都。

危急时刻，宋国派门尹般到晋国求救。重耳很为难，对手下说："宋国来求救，我们不出兵，两国就会绝交。想让楚国退兵也不可能。想要发兵，又怕齐国和秦国不同意。"

老部下先轸说："我有个好主意。咱们让宋国带上厚礼去找齐国和秦国求救，由他们出面让楚国退兵。我们则逮住曹国国君，把占领的曹国和卫国的土地分给宋国。楚国是曹国和卫国的盟友，一定不会答应退兵。而齐国和秦国得到了宋国的好处，却说服不了楚国退兵，一定觉得很没有面子，就会出兵。我们再出兵就没有什么障碍了。"重耳大喜，依计而行。

相关信息传到楚军大营，楚成王暗吃一惊，随后他带领军队进驻申城，派人将申叔调离谷地，与齐国修好。又命令正在攻打宋国的楚国将领子玉撤兵，并告诫说："我要带兵回国了，有件事你们务必牢记在心，千万不要带兵追赶晋国军队。重耳在外流亡十九年，而且果然登上了国君之位。这些年来，他什么样的艰难困苦和危险挫折都尝到了，民情的真假也清楚明了。他现在六十多岁了，上天给了他年寿，还免除了他的灾害。天命不可违啊。我们应适可而止，知难而退。"

国学经典欣赏

宋人使门尹般如晋师告急。公曰："宋人告急，舍之则绝，告楚不许。我欲战矣，齐、秦未可，若之何？"先轸曰："使宋舍我而赂齐、秦，藉之告楚。我执曹君，而分曹、卫之田以赐宋人。楚爱曹、卫，必不许也。喜赂怒顽，能无战乎？”公说，执曹伯，分曹、卫之田以畀宋人。

楚子入居于申，使申叔去谷，使子玉去宋，曰：“无从晋师。晋侯在外十九年矣，而果得晋国。险阻艰难，备尝之矣；民之情伪，尽知之矣。天假之年，而除其害。天之所置，其可废乎？《军志》曰：‘允当则归。’又曰：‘知难而退。’又曰：‘有德不可敌。’此三志者，晋之谓矣。”

——《左传·僖公二十八年》

29
晋楚城濮之战
表里山河

前文讲到，楚成王命令大夫子玉从宋国退兵，以避免与晋国争斗，但子玉很是不忿，派出伯棼向楚成王请战说："我请求与晋军打一仗试试，不敢说一定会胜利，但是可以堵塞奸邪小人和胆小鬼们的嘴。"

成王一听，不禁大怒，决定教训他一下，于是便派出不足千人的老弱病残支援子玉。好在子玉另有西广（楚国的兵车建制）以及若敖等人带领一百八十辆战车跟在身后，军力不弱。但将骄主疑，子玉失败的命运已无可逆转。

再说子玉，见楚王只给了这么点人手，更加愤愤不平，但是他手下还有陈、蔡等国联军，实力并不弱，所以决心和晋军一决高下，让成王看看。于是子玉派宛春给晋文公下达"最后通牒"说："请恢复卫侯的君位，把抢来的土地归还曹国，我就会解除对宋国的包围。"

重耳的大臣子犯说："子玉太无礼了，要求我们的这么多，要求自己的这么少。既然他送上门，我们就抓住这个机会好好教训教训他。"

谋士先轸说："子玉是要教训一下，但是我们应该首先答应他的要求。"面对重耳和子犯疑惑的目光，先轸侃侃而谈："安定别人这是礼。人家子玉的主张如果得到执行，宋、曹、卫三国就安定下来。我们如果不答应，首先就等于抛弃了宋国，还使曹、卫两国继续动荡，诸侯会怎么看我们？我有一妙计，我们不妨私下里答应曹国和卫国，离间它们与楚国的关系。然后再扣下宛春，激怒子玉，让他主动和我们作战。"

重耳大喜，依计而行。消息传到楚军大营，子玉果然大怒，立刻发兵攻打晋军。晋军则根据军令，未做丝毫抵抗，连连撤退。众将领和士兵不解，纷纷抱怨和请战。重耳说："当初一日，我曾经亲口答应楚王两国首次交战时会退避三舍，报答楚王曾经的恩情，我不能失信于人。"消息传出，晋军上下感动不已，士气高涨。而楚军这边也有明白人极力劝子玉停止追击，但子玉根本不听。

转眼到了四月一日，重耳率领的晋、齐、秦、宋四国联军进驻城濮（今山东鄄城西南）。而此时，楚军已经率先背靠险要之地扎下大营，尽得地利。重耳很忧虑，子犯说："我们一定要打这一仗，如果胜利了，诸侯们就会归附我们。退一步说，即便我们失败了，我国外有大河，内有高山，可攻可守，不用害怕。"

重耳还是有点不好意思，说："楚国对我们的恩惠怎么办？"大臣栾枝说："汉水以北的姬姓小国都被楚国吞并了，他们讲道理和情分了吗？这仗应该打。"看到手下都赞同作战，重耳决定"虚心纳谏"，教训一下子玉。（孔子评价说"晋文公谲而不正"还是很中肯的。）

毕竟是"登基"以来的第一场硬仗，晚上，重耳做了一个可怕的噩梦。在梦中，重耳和楚成王掐架，自己被死死按住动弹不得，而成王则张开大嘴喝自己的脑浆。重耳从噩梦中惊醒，非常害怕。子犯安慰说：

“梦都是反着的，咱们这次一定战胜楚国，取得胜利。”

就在晋军磨刀霍霍时，楚军主帅子玉派人给重耳下战书说，想和晋军士兵玩玩游戏，请重耳靠在车驾横梁上欣赏，自己则友情陪同。（请与君之士戏，君冯轼而观之，得臣与寓目焉。）

第二天，晋军在莘北摆开阵势。此次战役，晋军共出动军备齐整的战车七百辆。晋国大将胥臣命令下军攻击力量薄弱的陈蔡两国军队。而楚军“前线总指挥”子玉则派出子西率领左军，子上率右军迎战；由若敖做自己的副手指挥一百八十辆战车率领中军出击。

战斗开始，晋将胥臣下令将战马蒙上老虎皮率先攻击陈蔡两军，陈蔡军队惊吓之余一触即溃，争相逃跑，楚军右翼溃散。此时，晋军将领狐毛抽调部分士兵打出将、佐两面旗帜做撤退状，栾枝所部则让事先绑上树枝的战车做出逃跑状，所过之处尘土飞扬，楚军中计，尾随追击，被原轸、郤溱率领的中军拦腰袭击。此外，狐毛、狐偃带领的上军则以剪刀之势夹攻楚将子西的左军，子西不支，楚军左翼溃散。

眼看两翼兵败，战前还扬言“今日必无晋矣”的子玉，迅速下令收兵，楚中军因此得以保全，避免了全线溃败的命运。

城濮一战，重耳威名大震，被周王室隆重尊爵为“侯伯”，并赋予管理各诸侯国的权力。由此，晋文公重耳成为继齐桓公之后的新一代无可争议的“春秋霸主”。

而可怜的子玉，在楚成王的责备下，在连穀自杀身亡。消息传到晋国，晋文公喜不自胜说：“没有人再来危害我了（莫予毒也），蔿吕臣做令尹，不过是维护自己的利益罢了，并不是为了百姓。”

另据《左传》记载，城濮之战前，子玉曾制作了一套镶嵌着美玉的马鞍和马冠，还没有舍得使用。一天晚上，他梦见黄河的河神找他商量说："能不能送给我，送给我，我会保证你作战胜利，并送给你孟诸的水草地作为补偿。"

子玉舍不得。他的儿子大心和手下子西听说后，特地派荣黄去劝说子玉别吝惜这点东西。因为作为一名军人，为了国家利益连命都可以放弃，何况是几块美玉呢？无奈子玉不听，荣黄叹了口气说："子玉必定会失败。但并不是神灵让子玉失败，而是子玉不以国家和百姓的利益为重，自取灭亡啊。"

国学经典欣赏

夏四月戊辰，晋侯、宋公、齐国归父、崔夭、秦小子憖次于城濮。楚师背酅而舍，晋侯患之，听舆人之诵，曰："原田每每，舍其旧而新是谋。"公疑焉。子犯曰："战也。战而捷，必得诸侯。若其不捷，表里山河，必无害也。"公曰："若楚惠何？"栾贞子曰："汉阳诸姬，楚实尽之，思小惠而忘大耻，不如战也。"晋侯梦与楚子搏，楚子伏己而盬其脑，是以惧。子犯曰："吉。我得天，楚伏其罪，吾且柔之矣。"

——《左传·僖公二十八年》

30
大国夹缝中的郑文公
东道主

春秋时期的小诸侯国在列强环伺之下，为了生存，不得不朝秦暮楚，一次次被盟主国强行拖上战车。饶是如此，很多国家还是被大国们三番五次侵略或者吞并，宗庙倾颓，香火不继，永远消失在历史长河中。

而与此同时，一些曾经的强国在经历了几百年的颠簸起伏后或四分五裂（如三家分晋），或易手他人（田氏代齐），或国破家亡（勾践灭吴），所谓舞榭歌台，风流总被雨打风吹去，只留下发黄故纸堆里的几许叹息。

公元前630年九月十三日，秦国和晋国的联军包围了郑国国都。一时间，郑举国皆惊、城门紧闭、樵采断绝、商旅不通，陷入了亡国灭种的巨大恐惧之中。国君郑文公更是后悔自己当年有眼无珠，没有听从大夫叔詹的话轻视和冷落了落魄公子重耳（当时，叔詹建议郑文公或善待或杀死重耳），而且又背叛晋国与楚国交好，以致引来了塌天大祸。

此次发兵，晋文公重耳是主谋，秦国则根据两国的相关“条约”作为盟军助战。联军兵分两路，协同作战，晋军驻扎函陵，秦军占据汜南。

急得如同热锅上的蚂蚁的郑文公彻底是土地庙长草——慌了神。这天，正在唉声叹气之时，大臣佚之狐求见说：“我想到了一个人，如果让他出面去见秦穆公，郑国必定逃过此劫。”郑文公一听，责怪说：“你怎么不早说？快快去请。”佚之狐心说：“说了你可得听啊。早这么谦虚，哪有这些麻烦？”

当佚之狐说出此人姓名——烛之武后，郑文公面露狐疑之色说：“咱们国家还有这样的能人？我怎么从来没听说过？”佚之狐说：“他曾是一个养马的小官，为国君服务了大半辈子，如今年纪很大‘退休’了。但是此人口才很好，如果他能出面见秦穆公，一定会说动穆公撤兵，这样一来，晋军就失去了援手，他们远道而来，势单力孤，我们就不用害怕了。”

郑文公大喜，立刻派人去请烛之武。而此时的烛之武早已是风烛残年，连走路都打晃，大伙一看，不禁大失所望，有的甚至忍不住掩口胡卢而笑。

郑文公也是满腹狐疑，但眼下无人可用、无计可施。满朝文武平日议政时口若悬河，动辄平秦晋、灭齐楚，指手画脚、不可一世。现如今一看敌人真的兵临城下，一个个顿时成了缩头乌龟，大气也不敢出，气得郑文公大骂。面对郑文公的追问叱骂，他们一个个躬身低头，光翻白眼就是不吭声，更别说拿出什么定国安邦的大计，气得郑文公连声地骂都是废物。

无计奈何，郑文公只好封官许愿低三下四地请求烛之武去见秦穆公，说服他退兵。烛之武一听连连推辞说：“主公肯定找错人了。我年轻时尚不如别人，现在老了，老而不以筋骨为能，更不用说是劝秦穆公退兵这样天大事的了。咱们郑国人才济济，主公还是另请高明吧。”

郑文公一听，急得眼泪差点流下来，连连认错说：“这都是我的过错，没有及时发现你的才能，现在国家危急了又来找你帮忙。但是现在国家存亡在你一念之间。再说了，有国才有家。如果郑国灭亡了，你也不会好到哪里去啊。”

烛之武答应了。而此时，秦晋两国正严密围城，为了不被晋军发觉，烛之武特地等到夜深人静之时，让几位身强力壮的将士把自己用绳子捆好，悄悄从城墙上顺了下去。

已经休息的秦穆公听说郑国大夫烛之武求见，很是纳罕，因为在他印象中，郑国没有这样一个“高干”，因此犹豫了半晌，才命令军士放行。

烛之武进入秦穆公大帐，道明身份后说：“现在秦晋两国围攻郑国，郑国已经明白马上就亡国了。但是如果郑国灭亡对秦国有利的话，我就不敢来打扰您了。还有，咱们两国距离很远，即便您占领了我们郑国，也难以管理，而晋国则不然。也就是说，秦晋联手灭亡了郑国，最终受益的却只是晋国一家。晋国实力由此增强，就等于秦国被削弱了。而如果留下郑国，让我们当贵国东方道路上的主人（东道主），贵国使者往来什么的，由我们负责接待服务，我想对您也没有什么害处。还有，您也曾经有恩于晋君，他也曾经承诺给两座城池报答您，但他早上渡过黄河，晚上就构筑工事防备您。再说晋国的贪心会有满足的时候吗？等到有一天它足够强大时，难道不会侵略秦国吗？”

一席话说得秦穆公如梦方醒。于是，秦穆公欣然与郑国结为盟友，并派遣杞子、逢孙和杨孙帮着戍守郑国，自己悄悄带兵回国。

消息传到晋军大营，群情激愤。子犯请求立即掉转矛头，追击秦军，但被重耳拒绝了。重耳说："当初一日多亏了穆公帮助，我们才有今天。别人帮了我们，我们却要伤害他，这是不仁；两国交恶，由此失掉同盟国家，这是不明智。用动乱代替齐整，这不是勇敢。我们也撤兵吧。"

国学经典欣赏

九月甲午，晋侯、秦伯围郑，以其无礼于晋，且贰于楚也。晋军函陵，秦军氾南。

佚之狐言于郑伯曰："国危矣，若使烛之武见秦君，师必退。"公从之。辞曰："臣之壮也，犹不如人，今老矣，无能为也已。"公曰："吾不能早用子，今急而求子，是寡人之过也。然郑亡，子亦有不利焉。"许之。夜缒而出，见秦伯，曰："……邻之厚，君之薄也。若舍郑以为东道主，行李之往来，共其乏困，君亦无所害……夫晋何厌之有？既东封郑，又欲肆其西封，若不阙秦，将焉取之？阙秦以利晋，唯君图之。"秦伯说，与郑人盟，使杞子、逢孙、扬孙戍之，乃还。

——《左传·僖公三十年》

31
秦晋崤之战
厉兵秣马

公元前628年，晋文公重耳卒。

据《左传》记载，公元前628年十二月十日，晋国决定将晋文公的灵柩停放到曲沃。离开绛城时，忽然发生了“灵异事件”——棺材里忽然传出像牛一样的叫声。众人吓得魂不附体，胆小的直接翻了白眼。

占卜师偃喝住了慌乱的人群，并让大夫们赶快跪拜，自己则起卦占卜，在仔细看过了卦象和爻辞后说：“刚刚国君发布命令，即将有西方（秦国）军队袭击我们。我们要迎头痛击，将会获得胜利。”

卜偃的卦不是空穴来风。

因为在此之前，当年秦穆公留下帮助戍守郑国的三大将领之一——杞子偷偷派遣使者告诉秦穆公说：“郑国人让我掌管着都城北门的钥匙，如果偷偷派军队来，我们做内应，可以占领（战略位置十分重要的）郑国。”

穆公一听大喜，但又有些拿不定主意，就去拜访老顾问——蹇叔。蹇叔劝阻说：“出动军队长距离（约一千五百里）偷袭他国，我没大听说过。因为这样一是会使军队非常疲劳，二是会因为走漏风声而使对方有所准备，恐怕劳而无功。”

秦穆公见蹇叔阻拦，心中不悦，冷着脸告辞而去，随即命令孟明、西乞和白乙带兵出东门向郑国进发。蹇叔哭了说：“孟明啊，我看到军队出发却看不到军队回来啊。”穆公见蹇叔发此不吉利之言，很是生气，派人恶狠狠地骂道：“你知道什么，你要是活到七八十就死，坟墓上的树也有一抱粗了。”

蹇叔和百里奚的儿子也在军队中，蹇叔哭着送他说：“晋国人一定会在崤山抵御我军，崤山有两座山陵，它的南陵是夏后皋的坟墓，北陵是周文王躲避风雨的地方。你们一定会死在那里，到时我会去收你的尸骨。”

公元前 627 年春天，孟明等带领秦军浩浩荡荡经过周王城的北门，连周襄王也闻声跑出来观看。秦军战车上的车左、车右武士都摘下头盔致敬，但有三百辆车上的将士随即又跳上了车。

王孙满还是小孩子，见此情形就对周襄王说：“秦国军队不庄重又没有礼貌，不庄重就没有计谋，没礼貌就不会严肃，一定会失败的。他们马上就进入战略险地还如此满不在乎，又没有什么谋略，能不失败吗？”

秦军到达滑国，郑国商人弦高本来要到周地做买卖，在察觉出秦军的来意后，立刻灵机一动，送上熟牛皮和几十头牛做劳军的礼物，说：“我们国君听说贵国军队要来，特地派我前来慰问，有什么要求你们尽管提。”随后，弦高派手下紧急向郑国汇报。

此时，郑国的国君已换成了郑穆公。郑穆公听后大吃一惊，连忙派人去杞子等三人居住的客馆查看，只见三人和手下已经装束完毕（束载）、磨好武器、喂饱马匹（厉兵秣马），只待动手了。

郑穆公擦擦脸上的冷汗，派皇武子假装不知情辞别三人说：“大夫们住在这里时间不短了，我们郑国的干肉、粮食和马匹也供应不上。看来你们得离开了，但以后郑国的猎场依旧会是你们秦国的猎场，你们可以去打点麋鹿什么的，让我们这破地方有些空闲？”

话说得很委婉，但意思很明白。眼看阴谋败露，杞子急忙跑到了齐国，逢孙、杨孙跑到了宋国。

而孟明这边眼见消息败露，郑国早有防范，知道此行将竹篮打水一场空，于是踌躇一番后，顺手灭掉了滑国，下令班师回国。

此前，秦国背叛秦晋联盟与郑国媾和，现在公然又趁晋国国丧期间派兵偷袭郑国，消息传来，晋人群情激愤。

先轸率先提出要教训一下秦国，他说：“秦国不听蹇叔的劝告派兵前来，这是上天给我们的机会，绝对不能放过。放走敌人就会生祸患，违背天意不吉利。一定要教训秦国军队。”

大臣栾枝反对说：“穆公对我们国君有恩，我们没有报答而去攻打人家，心里头还有死去的先君吗？”先轸说：“我们在国丧期间他们不悲伤也就罢了，还发兵来攻打和我们同姓的郑国，还讲什么恩惠？我听说，一天放走敌人，将造成几世的祸患。我们这是为后世子孙造福，这话可以对先君说了吧？”

于是，晋国迅速发布了战争动员令，并要求盟军姜戎助战。刚刚继承君位的晋襄公把丧服染成黑色，亲自出征，围剿秦军。

所谓哀兵必胜。此役，秦军被晋人和姜戎在崤山拦腰攻击，除了三位统帅孟明、西乞、白乙被活擒外，“匹马倚轮无返者”。全军覆没！

当年秦人俘虏了晋惠公，多亏来自晋国的穆公夫人拼死劝谏才保住了夷吾先生性命一条。而今剧情反转，来自秦国的晋文公的夫人文嬴出面救下了三个秦国俘虏。

文嬴向自己的儿子（非亲生）晋襄公说："都是他们挑拨你们两位国君的关系。我父亲那边如果抓到他们肯定恨不得吃了他们的肉。你还是放他们回去受死吧。"晋襄公是一个性情不错的人，看到母亲亲自求情，又加上自己新立为君，就顺口答应了文嬴的请求。

人刚刚放走，先轸就来到了朝堂问襄公俘虏何在，当听说已经被释放后，先轸非常生气地说："军人们在战场上拼死抓住了他们，妇人几句话就放他们回国。毁弃战果而助长敌人，晋国要灭亡了。"说完，狠狠地啐了一口唾沫头也不回地走了。

面对父亲的老臣的熊熊怒火和无礼之举，晋襄公不仅没有责怪，反倒很是后悔，立刻派阳处父追赶三人。此时，孟明等三人已经急急赶到黄河边，登上了渡船。阳处父解下车左边的骖马，说是晋襄公赐予的，要三人下船领赏。孟明装出很感动的样子在船上磕头致谢说："好意领了。如果回国后不死，三年后会来致谢的。"

听说孟明三人被释放回国，秦穆公穿着素服早早等在郊外，哭着谢罪说都是自己的错。

再说在襄公面前发怒的先轸。当年八月二十二日，在晋襄公的带领下，先轸等人又打败了侵略之敌——狄国军队。战斗中，先轸说："我一个普通人在国君面前撒野而没有受到惩罚，但是我哪里敢不自我惩罚呢？"于是他采取了自杀式进攻——摘掉头盔冲入狄军，壮烈牺牲。后来，狄人送来了他的头颅，脸色和活着时一模一样（狄人归其元，面如生）。

先人为人处事的方式真的和现代人不太一样啊！

国学经典欣赏

郑穆公使视客馆，则束载、厉兵、秣马矣。使皇武子辞焉，曰：“吾子淹久于敝邑，唯是脯资饩牵竭矣。为吾子之将行也，郑之有原圃，犹秦之有具囿也，吾子取其麋鹿，以闲敝邑，若何？”杞子奔齐，逢孙、扬孙奔宋。孟明曰：“郑有备矣，不可冀也。攻之不克，围之不继，吾其还也。”灭滑而还。

——《左传·僖公三十三年》

32
晋国郤氏的中兴
相敬如宾

郤缺祖上是晋国的公族。春秋初期，晋献公出兵伐狄（翟）国，郤缺的先祖叔虎冲锋陷阵，攻破狄军大营，立下赫赫战功，被献公封到郤邑（今山西泌水下游），另立宗庙，为郤氏。

郤缺的父亲郤芮也不简单，他是晋惠公夷吾的铁杆重臣、第一谋士。当年，晋献公受骊姬的蛊惑对重耳、夷吾等诸公子痛下杀手，夷吾也在逃亡之列，跟随其后不离不弃的就有郤芮。

后来，夷吾在秦穆公的帮助下回晋国继位，全程策划此事的郤芮自然劳苦功高，备受信任和重视。

前文说过，由于骊姬进谗言陷害诸公子，晋国由此开始了数十年的动荡岁月。其间，晋国大夫丕郑曾经建议秦穆公诱杀郤芮等三人，而迎立重耳为国君，被郤芮识破，尽诛丕郑和他的党羽，史称“丕郑之乱”。

饶是现在看来，郤芮也是个治国安邦的能臣，但无奈晋惠公夷吾是个没有多少信义可言的“万人坑”，且杀孽太重，所以在晋惠公死后，他的儿子圉继位不久，就被重耳取而代之。

有道是一朝天子一朝臣，重耳继位后，作为惠公死党的郤芮感到了潜在的威胁，就偷偷联合吕氏家族打算趁人不备焚烧宫室杀死重耳。但天不绝重耳，这一机密被曾经多次领命刺杀重耳，差点要了重耳小命的寺人披提前告诉了重耳。

当年三月，重耳在王城秘密会晤了秦穆公。三十日晚上，重耳居住的宫殿燃起大火，郤芮和瑕甥找不到晋文公，就去黄河边搜寻，被秦穆公诱杀。

郤芮死了，他的家族随即从幸福的云端跌落到了卑贱的谷底。

好在晋文公重耳是个心胸比较开阔的人，加上郤氏一族枝叶茂盛，郤芮虽然不忠于重耳，但他的出发点却是“各为其主”，并非主动作恶，所以郤芮一家只是被除去功名，废为庶人，而没有被斩草除根，这为郤芮后人东山再起，甚至登上权力之巅留下了空间。

郤芮的儿子郤缺，因为是罪臣之后，所以迁居于冀野，自食其力，改名冀缺。

一天，晋国的大臣、重耳的老师臼季（胥臣）出使途中路过此地，见到了正在地里耕作的冀缺，此时他的妻子给他来送饭，对他很是恭敬，冀缺对妻子也很爱重，彼此像对待客人一样。

看到故人的儿子沦落到如此地步还不失态，不颓唐，臼季很是感慨和敬佩，就把冀缺带回了晋国国都，对晋文公说出了自己的所见所闻，请晋文公起用冀缺。

正如楚成王所言，晋文公是个见过大世面也很沉得住气的人。当初，寺人披前来告发冀缺的父亲郤芮谋反，求见晋文公，听到这个三番五次刺杀自己的家伙竟然自动送上门来，晋文公不仅没有下令剁了他，反倒很委婉地让下人回绝说自己正在洗头，不方便。

而今，听说又一个意图谋害自己的罪臣的儿子来到国都，还被推荐做官，晋文公心中的不快可想而知，但他仍旧没有发作，听完臼季关于“恭敬，是德行的集中体现，能够恭敬，就必定有德行”的谆谆教导后，只是似乎很随意地问：“冀缺的父亲有罪，这也可以吗？”

臼季说：“当然可以。当初舜惩办犯罪的鲧，而起用了他的儿子禹。管仲是桓公的敌人，被任命为相取得了成功。”

臼季进一步引经据典说：“《康诰》教导我们说‘父亲不慈爱，儿子不诚敬，哥哥不友爱，弟弟不恭敬，这与他人无关’。《诗经》上说‘采蔓菁采萝卜，不要因为它的叶子不好就看不起它的根。您挑他好的地方用就可以了。”

晋文公同意了，任命郤缺（又可以叫郤缺了）为下军大夫。晋文公死后，晋襄公继位。公元前627年，狄国进攻晋国，进驻箕地，八月二十二日，晋军在箕地与狄军决战，郤缺一马当先，冲锋陷阵，抓获白狄的首领白狄子。

从箕地回来，晋襄公举行隆重仪式，用诸侯大臣中最高级别命令先轸的儿子先且居率领中军，用次等级别命令把先茅的县赏给胥臣（臼季），说：“推举郤缺，是你的功劳。”用三等级别命令郤缺做卿，再给他冀地，但是没有军职（还是不敢放心使用）。

国学经典欣赏

初，臼季使，过冀，见冀缺耨，其妻馌之。敬，相待如宾。与之归，言诸文公曰：“敬，德之聚也。能敬必有德。德以治民，君请用之。臣闻之：出门如宾，承事如祭，仁之则也。”公曰：“其父有罪，可乎？”对曰：“舜之罪也殛鲧，其举也兴禹。管敬仲，桓之贼也，实相以济。《康诰》曰：‘父不慈，子不祗，兄不友，弟不共，不相及也。’《诗》曰：‘采葑采菲，无以下体。’君取节焉可也。”文公以为下军大夫。

——《左传·僖公三十三年》

33
楚成王被杀前想吃熊掌
罪莫大焉

公元前627年冬天，楚国令尹子上带兵攻打陈国和蔡国。陈国、蔡国和楚国讲和，楚军转而进攻郑国，并准备把因被郑文公等人讨厌而出国避祸的公子瑕送回郑国继位。可惜公子瑕没那福分，在战斗中因战车翻倒失手被俘，随即被郑国处决，郑文公的夫人可怜他，把他收敛起来安葬在了郐城之下。

而此时，晋人看到蔡国又与楚国交好，心中不满，便派阳处父讨伐蔡国。楚成王命令子上带兵驰援，两军在泜水两岸安下大营，临水对峙。

此时正是寒冬，眼见楚军拦路，自己又远道而来，供应困难，阳处父很是心焦，于是派使者下书说："我听说，文者不能冒犯理顺的人；武者不能躲避仇敌（文不犯顺，武不违敌）。你如果真想作战，那么我先退三十里，你渡河排好队形，早打晚打随你便。不然的话，咱们这样大眼瞪小眼的，白费力气。"

书信送到楚军大营，阳处父坐上马车在河边等着。子上想要渡河而战，被手下大孙伯阻拦说："千万不能渡河。晋人不守信用，如果我们渡到一半时攻击我们，我们后悔死也来不及了。不如让他们缓口气。"于是，子上下令楚军后退三十里。

此举正中阳处父下怀，派人到处嚷嚷说"楚军逃跑了"，自己则借坡下驴，带兵回国。楚国军队等了半天，见晋军毫无动静，再一打听，竟然早溜之大吉了，也退兵而回。

按说，子上此次出兵，虽然没有和晋军交战，但毕竟遏制了晋国的战略企图，保全了蔡国，算得上功德圆满。

但所谓不怕没好事，就怕没好人。子上万万没有想到，此举被早就对他心怀不满的楚国太子商臣钻了空子。商臣对楚成王进谗言说："子上此次出兵，没有作战就退兵回国，我听说，是子上接受了晋国的贿赂才回避作战的，这是楚国的耻辱，没有比这种罪过更大的了。"成王一听勃然大怒，没有给子上任何解释的机会就杀害了他。

太子商臣之所以一心想着除子上而后快，也不是没有原因。

原来，当初一日，楚成王在是否立商臣为太子的问题上产生了纠结，就向子上讨主意。子上没有意识到立储问题蕴含的巨大风险，也没有说出"此君家事也"而避祸，而是实话实说："您年龄还不大（君之齿未也），而且喜欢的女人又多，我担心您现在立了商臣，以后有更喜欢的人选又加以废黜，势必引发祸乱。还有楚国立太子，一直是选择年轻人。而且商臣这个人，眼睛像蜂子，声音像豺狼（蜂目而豺声），是一个非常残忍的人，不能立为太子。"

楚王没听，但是子上的一番话却很快传到了商臣耳里，仇恨的种子就此种下。

所谓旁观者清。立商臣为太子后，楚王果真又有了更喜欢的人选——王子职。就在犹豫之时，商臣已经通过内线获得了相关消息。

为了确认该消息是否准确，商臣找到老师潘崇讨要主意，问如何才能摸清楚王的真实想法。潘老师给他出了个主意，让商臣设宴招待江芈，但是故意表现出不尊敬的样子。

江芈是楚王的妹妹，远嫁江国后又回到楚国省亲，常住宫中尚未回国，应该是消息灵通人士。据说此女脾气急躁、心直口快，所以被潘崇当作了“污点证人”。

商臣依计而行，江芈果然中计，盛怒之下脱口骂道：“啊！下贱坯子，怪不得君王要杀掉你立职为太子啊。”

商臣屁滚尿流地跑到老师那里，哀求救命之策。

潘崇问：“能甘心侍奉公子职吗？”

“不能”

“能出国流亡吗？”

“不能。”

“能做件大事吗？”

“能。”

于是，又一场宫廷政变大戏开始紧锣密鼓地上演。

当年十月的一天，趁着夜色，商臣带领王宫卫队团团包围了楚成王的宫殿，并逼成王自杀。

面对着一脸狰狞的商臣和雪亮的刀剑，楚王不由想起了被他诛杀的子上的肺腑之言，但他仍不甘心，希望有人来救他，于是说：“儿啊，厨师刚刚为我蒸上熊掌，我能不能吃完后再死？”商臣冷笑着说：“你就别做梦了，想拖延时间等人来救你。少废话，赶快自我了断，还能留个全尸。”

《左传》特地记下了这个日子——公元前626年十月十八日，桃花夫人的儿子，杀掉哥哥楚堵敖而自立的楚成王熊恽自缢而死。太子商臣被立为国君，是为楚穆王。

心满意足的穆王，没有忘记自己的恩师，把当太子时的房屋和财产都赏给了潘崇，并任命他为太师，兼任宫廷“禁卫军司令”（掌环列之尹）。

一切收拾停当后，穆王挤出几滴眼泪，命人给死去的老爹选个谥号。据记载，不知道是因为临死没有吃上熊掌而伤心，还是悔恨自己没有听子上的话，楚成王死后一直大睁着双眼。

掂量了半天，穆王拍板决定给自己老爹谥号曰“灵”，这是一个恶谥，有荒唐荒淫之意。结果成王的眼睛更大了，看样子马上就从棺材里爬出来。大伙看了害怕，赶紧改谥号曰“成”，楚成王才闭上了眼睛。

据说，噩耗传来，心直口快的江芈也自杀身亡，向自己的哥哥赎罪。

国学经典欣赏

晋阳处父侵蔡，楚子上救之，与晋师夹泜而军。阳子患之，使谓子上曰：“吾闻之：‘文不犯顺，武不违敌。’子若欲战，则吾退舍，子济而陈，迟速唯命，不然，纾我。老师费财，亦无益也。”乃驾以待。子上欲涉，大孙伯曰：“不可。晋人无信，半涉而薄我，悔败何及？不如纾之。”乃退舍。阳子宣言曰：“楚师遁矣。”遂归。楚师亦归。太子商臣谮子上曰：“受晋赂而辟之，楚之耻也，罪莫大焉。”王杀子上。

——《左传·僖公三十三年》

34

晋国又一昏君的诞生

言犹在耳

公元前 621 年八月十四日，晋襄公去世，结束了自己短暂而辉煌的一生。晋襄公是春秋时期难得的一个没有多少污点的好国君。他即位后垂拱而治，继续重用父亲留下的老臣，保持了政权平稳过渡，并且多次打败强大的秦国和楚国，牢牢遏制了秦国东进的势头。此外，他一改晋国以往动辄兵戎相见、大打出手的“恶习”，着手修复与周边国家的关系。

只可惜，他仅仅在位七个年头（前 627 年—前 621 年），死时自己的法定继承人——太子夷皋也才仅仅七岁。弥留之际，他叫来了父亲的老部下赵衰的儿子——执政大臣赵盾，全权委托他好好教育夷皋，让他继承自己的遗志，延续晋国的辉煌。赵盾答应了。

赵盾（公元前 655 年—公元前 601 年）即赵宣子，嬴姓赵氏，名盾，谥号“宣”，后人尊称其赵孟或宣孟。

国不可一日无君。襄公死后，立谁为国君成了头等大事。而“话事人”就是赵盾。

面对众大臣热切追询的目光，赵盾犹豫了。因为作为执政大臣，赵盾深深明白晋国此时的环境是何等险恶，先君新逝、国内震动，秦、楚两大强国和野蛮的狄国正虎视眈眈，伺机报仇。晋国如果没有一个坚强有力的国君，后果不堪设想。犹豫再三，赵盾说：“还是立公子雍吧。”

一语惊四座。赵盾说：“太子夷皋年幼不能理政，而我们晋国现在有难，需要有个年长的人主持大局。公子雍喜欢行善，年龄也大了，先君宠爱他，秦国也亲近他。而且秦国是晋国人民的老朋友（秦，旧好也）。此外，我们立先君喜欢的人，也不违孝道。总之，这对国家有好处。”

凭良心说，赵盾此举完全出于公心，但问题是，他破坏了不同势力多年博弈后达成的“政治默契”和“政治规矩”，而平衡一旦打破，势必引发新一轮动荡。

果然，另一位晋国重臣——晋文公舅舅狐偃咎犯的儿子贾季（以封地贾为氏）站出来反对说：“照你这么说，我看不如立公子乐。他的母亲臣嬴受到怀公和文公两位国君宠爱，立他为君，国人必然爱戴。”

赵盾嗤之以鼻说：“臣嬴低贱，在文公的妻妾中排名第九，而且侍奉过两个国君，她儿子又能有什么威望？同样是先君的儿子，公子乐不能求得大国的庇护而寄身于小小的陈国。再说陈国离我们这么远，一旦我们有危险，根本指望不上。而公子雍的母亲杜祁，因为襄公当了国君，主动让位于他的母亲逼姞，自己甘心排在后面。又由于狄人的缘故，主动排在季隗之后，这样还排名第四。我们的先君因此喜欢他的儿子雍，把雍送到秦国做官，还做到了亚卿的高位。再说秦国强大，距离还近，可以作为后援。母亲仁义儿子受爱戴，在民众中有威信，立公子雍最合适不过了。”

官大一级压死人。贾季早在襄公时，就不得不屈身赵盾之下，如今心里不服也没辙，只好不再说什么。于是赵盾发布命令，让先蔑、士会二人快马加鞭赶往秦国迎立公子雍。而“野心家”贾季也不甘落后，派人偷偷到陈国通知公子乐赶快回国，结果被赵盾派人在郫地杀害。

晋国又一段刀光剑影、血腥杀戮的宫廷戏，又一次宿命般拉开了大幕。

当年九月，贾季命自己的同族人续鞫居杀死了在襄公面前进言而降低了自己地位的阳处父。当年十一月，事情败露，续鞫居被处死，贾季逃亡狄国。赵盾念及旧情，派人把贾季的老婆孩子送到狄国，让一家人团聚。

话分两头，接到晋国要求送公子雍回国继位的请求后，秦国的新任国君秦康公欣然同意，而且吸取了此前晋文公回国时没有军队护送、差点被郤芮等人杀害的教训，派出重兵护送公子雍回国。

而此时，晋襄公的夫人穆嬴一听自己的儿子夷皋当不成国君，每天抱着儿子跑到朝堂上大哭小叫，逢人便说：“先君有什么罪过？这孩子又有什么罪过？丢开嫡子不立，反倒跑到外边找人当国君，你们准备怎样处理这个孩子呢？”

赵盾自知理亏，每天在穆嬴的哭声中皱着眉头处理完公务便早早下朝回家。谁料穆嬴又抱着儿子跑到他家中哭闹不止，撵也撵不走。赵盾无奈出来劝她两句，穆嬴磕头如捣蒜，边哭边说：“你这就忘了当初先君捧着这孩子托付给你说：‘这个孩子如果成才，我就是得到了你的赐予；如果不成才，我就怨你。’现在国君虽然去世了，但他的话好像还在耳边，你转眼就忘记了，能行吗？”

眼见得穆嬴像只讨厌的大麻蝇整日嘤嘤嗡嗡，赵盾和其他大臣脑仁都疼。而且渐渐地，坊间舆论也开始指责赵盾，同情穆嬴。最后实在没有办法了，赵盾勉强点头答应立公子夷皋为君。穆嬴立刻破涕为笑，欢天喜地地走了。

这厢穆嬴用几滴眼泪换来了儿子的国君身份和自己的荣华富贵，那边赵盾却犯了难。因为此前派出的先蔑和士会，正带领秦国军队护送着公子雍，浩浩荡荡向晋国进发。

眼看公子雍成了烫手山芋，赵盾说："我们如果接受秦国送公子雍回来，秦人就是宾客。我们如果不接受，秦人就是敌人，我们必须立刻出兵消灭他们，免得生出其他事端。"

于是赵盾在经过周密部署后，亲自率领大军在夜晚偷偷发起袭击，在令狐打败了秦军，并一直追到刳首。可怜的公子雍从幸福的云端跌落地狱，白白送了性命。

而侥幸活命的先蔑和士会则先后逃亡到了秦国，被好心的秦康公收留。

值得一提的是，当初先蔑被赵盾派往秦国之前，他的同僚荀林父就察觉了其中的危险，劝先蔑说："襄公夫人和太子都在，却跑到国外迎立太子，这事必定行不通。"荀林父劝先蔑以生病为借口推托掉，不要亲自前往，但是先蔑不听。

后来，先蔑逃亡秦国，荀林父派人把他的老婆孩子和家中重要财物送到了秦国。并说："因为我们是同僚啊。"

再说士会，在秦国逃亡三年，从没有去见自己的难兄难弟先蔑。别人问他为什么，他说："我和他罪过相同，又不是因为他有道义才跟来的，为什么要见面呢？"

于是，直到三年后回国，士会也没有去见先蔑。

国学经典欣赏

穆嬴日抱大子以啼于朝，曰：“先君何罪？其嗣亦何罪？舍適嗣不立，而外求君，将焉置此？”出朝，则抱以适赵氏，顿首于宣子曰：“先君奉此子也而属诸子，曰：‘此子也才，吾受子之赐；不才，吾唯子之怨。’今君虽终，言犹在耳，而弃之，若何？”宣子与诸大夫皆患穆嬴，且畏逼，乃背先蔑而立灵公，以御秦师。

——《左传·文公七年》

35

郑国的尴尬境地

铤而走险

公元前610年四月的一天，晋国的国君晋灵公夷皋在黄父练兵，并在扈地会合诸侯，与刚刚发生了弑君之乱的宋国签订和平条约。

但是，晋灵公拒绝会见郑穆公，认为他背叛晋国而投靠楚国。看到自己被“带头大哥”冷落，执政大臣子家很忧虑，为缓和与晋国的关系，子家就派通信使者去晋国，给执政大臣赵盾送了一封信，当然啦，信名义上是写给国君夷皋的，但能拍板的，却是赵盾。

信写得言辞恳切、充满委屈，又软中带硬，因此这封信的效果很好，不仅使郑国和晋国修复了关系，还签订了长期友好合作条约。所以，弱国无外交是相对的，除了国家本身有实力做后盾外，关键还要有外交人才，否则好事可能办砸。信中说：

我们国君即位三年，叫上蔡国国君一起侍奉贵国君主。九月时，蔡国国君从我们这里去贵国“访问”，本来我们国君也要去的，由于发生了内乱没有成行。但是到了十一月，内乱平息后，我们国君立即和蔡侯去贵国朝觐。这三四年来，我们国君和大臣们一直没有间断去贵国朝见。

还有，陈、蔡两国与楚国接壤但是对晋国没有二心，还不是因为我们郑国在里面起了重要作用？为什么我们这样侍奉贵国君主，反倒不能免于祸患呢？

我们国君在位时，曾经一次朝觐先君襄公、两次朝见现在的君主，我和几位大臣也紧随着到绛城朝拜。我们郑国虽然是小国，但也没有比我们更有诚意的了。如今大国说“你没有让我称心如意”，那么我们大不了就是等待灭亡，也不会再增加什么（灾祸）了。

古人说得好：“畏首畏尾，剩下的身子还有多少？”又说：“鹿要死的时候，顾不上选择荫庇的地方。”小国侍奉大国，如果大国以德相待，那么小国就以人道相奉，否则，小国就会像要死的鹿一样铤而走险，哪里还顾得上选择地方？现在贵国的命令没有止境，我们也要灭亡了，只好派出倾国之兵等待贵国前来。何去何从，你们就看着办吧。

还有，我们在（郑）文公二年曾到齐国朝见，四年二月，也曾因为齐国攻打蔡国，和楚国讲和。处在齐、楚两个大国之间而屈从于强国的命令，难道是我们的罪过吗？如果大国不加以谅解，我们就没有地方逃避了。

信的大体意思就这些，信虽然不长，但饶是现在看来，写得也很有水平，可谓有理有据有节，即表达了对晋国的必要的尊重，给足了面子，又软中带硬地指出，如果晋国欺人太甚，我们郑国将不再畏首畏尾，而是要铤而走险，出动倾国之兵严阵以待，与晋国拼个鱼死网破。此外，信件还特地指出，我们此前已经与齐国和楚国签订了和平条约。这几句话的潜台词是，我们郑国还有别的靠山。你真要来进攻我们，他们不会坐视不理。

赵盾也非凡品。所以在读完子家的信后，特地派大夫巩朔到郑国讲和修好，而且还派出自己家族的"要员"赵穿和晋灵公的女婿池到郑国做了人质。

国学经典欣赏

晋侯蒐于黄父，遂复合诸侯于扈，平宋也。

于是晋侯不见郑伯，以为贰于楚也。郑子家使执讯而与之书，以告赵宣子曰："……今大国曰：'尔未逞吾志。'敝邑有亡，无以加焉。古人有言曰：'畏首畏尾，身其余几。'又曰：'鹿死不择音。'小国之事大国也，德，则其人也；不德，则其鹿也。铤而走险，急何能择？命之罔极，亦知亡矣。将悉敝赋以待于儵。唯执事命之。文公二年六月壬申，朝于齐。四年二月壬戌，为齐侵蔡，亦获成于楚。居大国之间，而从于强令，岂其罪也？大国若弗图，无所逃命。"

晋巩朔行成于郑，赵穿、公婿池为质焉。

——《左传·文公十七年》

36
一朝名扬天下的是楚王还是齐王
一鸣惊人

传说大禹手下有个叫仪狄的酿造专家，一天，他酿出了一种味道独特的饮料——酒，献给大禹品尝。大禹喝了以后，大加赞赏，一整天都沉浸在晕晕乎乎的莫名激动中。

后来，大禹再次端起酒杯时，忽然警觉地停杯不饮，并说出了一句流传千载、振聋发聩的话："后世一定会有因为酒而亡国的人。"从此后，大禹不仅不再喝酒，还疏远了仪狄。

《说文解字》说："酒，就也，所以就人性之善恶。从水从酉，酉亦声。一曰造也，吉凶所造也。"意思是说，酒，迁就满足之意。是一种能迁就满足人性中的善恶的（功能性饮料）。字形由"水"和"酉"组成，是形声字（水形酉声）。它还有一种意思是引发、造成，是能引发吉凶的东西。

尽管大禹清醒而节制，但所谓人算不如天算，他的后代偏偏出了个"熊孩子"——夏桀，据刘向的《列女传》记载，夏桀一天到晚在烂漫之乐中和大美人妹喜以及宫女们饮酒作乐。他用来盛酒的池子可以行船，船上的人一边娱乐一边饮酒，很多喝醉的人一头扎进酒池里活活淹死，但是夏桀和妹喜却乐不可支，将此当作极大的生活乐趣。后来，夏桀被商汤推翻，在流放中死去。但夏桀并没有反思自己的罪恶，而是后悔没有提前杀了商汤。

但令人欣慰的是，同样是纵酒狂欢，有些人是为了避祸，有的人则是为了江山社稷。比如下面这两个故事的主人公。

据《韩非子·喻老》等典籍记载，楚庄王即位后的前三年，没有发布任何政令，更没有做出什么政绩。而是白天张网打猎，晚上饮酒娱乐，而且放出话来说，谁多说谁死。

一天，右司马实在忍不住了，走到楚王的座驾前说："大王，向您请教个谜题。有一只鸟停在南方的土山上，三年不动翅膀飞翔，也不鸣叫，这是什么鸟啊？"

楚庄王回答说："这鸟三年不展翅，是为了生长羽翼；三年不飞不鸣，是为了观察民众的态度。它虽然还没有飞，但将一飞冲天。它虽然没有鸣叫，但会一鸣惊人。"

随后，楚庄王又"装"了半年深沉，开始亲自听取朝政，先后废除了十项旧政策，施行了九项新政策。诛杀奸臣五人，提拔有才干的隐士六位，很快让整个国家百废俱兴，蒸蒸日上。再后来，他领兵打败了中原地区的老牌霸主齐国，一战成名。又在河雍地区打败了强大的晋军，威震华夏，跻身"春秋五霸"之列。

第二位出场的是齐威王，他早已等得不耐烦了。因为在饮酒娱乐方面，楚庄王得喊他一声"大哥"，他足足折腾了九年。

《史记》记载，齐威王继位以后，"好为淫乐长夜之饮"，把国政大事都委托给卿大夫们处置。九年之间，很多诸侯国都来攻打齐国，国家危在旦夕，但是齐威王（田氏）根本不理不睬，左右大臣也没有人敢去劝谏。

有一天，入赘齐国、言语诙谐常令人捧腹大笑的淳于髡找到齐威王说，大王，咱们朝堂上有一只大鸟，三年不飞不鸣，这是什么鸟？齐威王回答："此鸟不飞则已，一飞冲天，不鸣则已，一鸣惊人。"

随后，齐威王命人召来即墨大夫说，自从你到即墨后，说你坏话的每天不断，但是我暗地里派人去即墨考察，发现那里的人民安居乐业。后来我明白了，这都是因为你没有巴结我周围的近臣，让他们为你说好话。随后，威王把即墨大夫的食邑赐封到上万家。

接着，齐威王又让人找来东阿大夫说："自从你到了东阿，夸赞你的人每天不断，但是我派人去实地查看，却发现那里民不聊生。而且外敌入侵时，你或者袖手旁观或者根本不知情。这是你收买我身边的人为你说好话的结果。"

于是，齐威王下令烹杀了东阿大夫和身边那些为他说好话的近臣。出动军队向西攻打赵国、卫国，并在浊泽一带打败了魏国，围困了魏惠王，迫使魏惠王献出观城以求和解。赵国则主动归还了齐国的长城。在随后的二十多年间，诸侯各国再也不敢侵犯齐国。

国学经典欣赏

淳于髡者，齐之赘婿也。长不满七尺，滑稽多辩，数使诸侯，未尝屈辱。齐威王之时喜隐，好为淫乐长夜之饮，沉湎不治，委政卿大夫。百官荒乱，诸侯并侵，国且危亡，在于旦暮，左右莫敢谏。淳于髡说之以隐曰："国中有大鸟，止王之庭，三年不蜚又不鸣，王知此鸟何也？"王曰："此鸟不飞则已，一飞冲天；不鸣则已，一鸣惊人。"于是乃朝诸县令长七十二人，赏一人，诛一人，奋兵而出。诸侯振惊，皆还齐侵地。威行三十六年。

——《史记·滑稽列传》

37

宋国统帅败在一碗羊汤上

各自为政

公元前607年，楚国命令“傀儡政权”郑国攻打宋国，公子归生“带队”。宋国则以名门之后——执政大臣华元为统帅，司寇乐吕为大将迎击郑军，结果宋军在大棘（今河南柘城县西北）大败。败得有多惨呢？史书记载说，郑国军队不仅“囚华元，获乐吕及甲车四百六十乘”，还“俘二百五十人，馘（割左耳计数记功）获百”。

难道华元是银样镴枪头？非但不是，而且是春秋时期响当当的人物。他曾官至宋国大夫，为六卿之一，历昭公、文公、共公、平公四君，堪称“四朝元老”，并长期担任宋国右师，执掌国政，多次挽狂澜于既倒，救宋国于崩盘边缘，是宋国伟大的政治家、军事家、外交家。他有勇有谋，不仅能战场上提刀砍人，战场外唇枪舌剑和敌人谈判，甚至还曾经化身“特种兵”，悄悄深入敌营当说客，只身犯险，逼退敌军，自己则出国当人质，保全了国家，堪称宋国的“擎天白玉柱，架海紫金梁”，是一个很有担当有作为的人。

他之所以败得这么窝囊，都是一碗羊汤惹的祸。

话说宋、郑两国交战之前，为了鼓舞士气，华元命人杀羊分给将士们吃，但偏偏忘了或者忽视了自己的车夫——替他驾车的羊斟。结果，正当两军要交战之时，羊斟一扬马鞭，带着华元径直向郑国军队跑去。

交战双方一下都蒙了，华元更是急得跳脚，大喊：“停车，停车！”这时，就听羊斟冷冷地说：“先前分羊肉，给谁吃您说了算。现在我赶车，往哪里赶我说了算。”说着，快马加鞭，径直把华元送进了郑国人的包围圈。

主帅被俘，群龙无首，郑国人乘势而攻，宋国军队一败涂地。更关键的是，执政大臣华元被抓，宋国一下没了脾气，只好低声下气地以“兵车百乘、文马百驷”为赎金，要求赎回华元。但赎金缴纳到一半的时候（“半入”，有的说是交赎金的人走到半路时），华元自己逃了回来。

就因为没有喝到羊汤，车夫羊斟竟然图报复、泄私愤，让自己的祖国陷入了极度危险的境地。

言归正传。华元逃归宋国后，没有丢官罢职，也没被束之高阁，而是仍被国君倚靠，担负起保家卫国的重担。笔者以为，这不是宋国国君仁慈，而是当时没得选。

经过深入调查研究，华元认为宋国城墙太薄弱，不足以抵抗敌军的猛烈冲击，决定征集民夫加固城墙。

这一天，华元去工地。不料，迎接他的不是激动的笑脸和热烈的掌声，而是轻佻的讥笑声和唱歌声。仔细听去，华元脸上不禁很有些挂不住。原来筑城的民夫们在唱：“瞪着眼珠子，腆着大肚子，丢盔弃甲逃回来。胡子拉碴，胡子拉碴，丢盔弃甲逃回来。”

可以想见华元当时会有多么难堪，于是派骖乘对民夫们说：“有牛就有皮，咱们国家的犀牛什么的还很多，丢一点怕什么？”役人们回答说：“即便有很多牛皮，但那些红漆怎么办？”见说不动大伙，华元只好说：“快走吧，人家嘴多我嘴少（口众我寡）。”

国学经典欣赏

二年春，郑公子归生受命于楚，伐宋。宋华元、乐吕御之。

二月壬子，战于大棘，宋师败绩，囚华元，获乐吕，及甲车四百六十乘，俘二百五十人，馘百人。

……将战，华元杀羊食士，其御羊斟不与。及战，曰：“畴昔之羊，子为政；今日之事，我为政。”与入郑师，故败。君子谓：“羊斟非人也，以其私憾，败国殄民，于是刑孰大焉？《诗》所谓‘人之无良’，其羊斟之谓乎！残民以逞。”

——《左传·宣公二年》

38

晋国史官董狐在此

董狐直笔

晋襄公死后，他的夫人穆嬴用眼泪为儿子夷皋换来了国君宝座。弹指间十三年过去了。这十三年中，晋国发生了很多大事，包括外敌入侵和内部叛乱。幸好有中流砥柱赵盾在，晋国总算有惊无险、平稳前行。但夷皋却长成了一个异常淘气和顽冥不化的“熊孩子”。

据《左传》记载：晋灵公长大后，便开始沉溺享乐，并四处搜刮钱财，大兴土木，用彩画装饰宫墙（厚敛以雕墙）。他命人建了一座高高的亭台，和宫人游戏其间，看到老百姓好奇围观，便居高临下用弹弓打人，看着人们被打得满脸开花、抱头鼠窜，夷皋笑得前仰后合，引为至乐（一说在朝堂上用弹弓弹大臣）。

与此同时，他的性情开始变得狠毒而乖张。一次，厨师没有把熊掌蒸熟，夷皋勃然大怒，当即命人将厨师砍杀，让几个女人用筐盛着扔出宫外。经过朝堂时，正在议论国政的赵盾和士季（即士会，此时已被赵盾从秦国“请”回晋国）看到筐里露出人手，慌忙追问之下，女人说出了事情的原委。

看到自己拍板挑选的国君年纪轻轻就如此大逆不道，赵盾恨不得大耳刮子抽自己，就对士会说要去劝劝。士会拦住他说，你是我们的“带头大哥”，如果你劝谏了他不听，后面的人就更没话说了。我先进去，如果他不听，你再去。

士会走进宫里，向前走了三次，直到走到屋檐下，假装很忙的晋灵公这才抬头看他说：“我知道你来做什么。我知道错了，会改正的。”

士会很欣慰，磕头回答说：“人谁不会犯错呢？有了过错能改正，没有比这更好的了。您如果始终坚持向善，我们的国家就有保障，我们这些做臣子的也有依赖了。”

眼看着夷皋在错误的道路上越走越远，赵盾很苦恼，一次又一次苦口婆心地劝谏。起初，夷皋还频频点头满口答应，后来就心不在焉哈欠连天，再后来干脆躲着不见，再后来，就起了杀心。

不过，晋灵公要杀赵盾，倒不仅仅是因为他唠叨得让人心烦，最直接的原因是一条狗，一条被心怀叵测的小人捏造出来的狗。

据明代刘伯温《郁离子》中记载，晋灵公除了吃喝玩乐外，还特别喜欢养狗，而且他的宠物狗绝对是高端大气上档次，叫灵獒。这种獒从周地“进口”而来，身长三尺，色如红炭，能解人意，十分威猛。

晋灵公一见就欢喜得不得了，给狗穿上特制的绣花衣服，并建造了一座豪华狗圈，由自己的贴心手下——大夫屠岸贾亲自负责照看。

有一天，一只狐狸闯进了宫中，惊动了襄夫人，襄夫人大怒，晋灵公眼珠一转，想试试灵獒的战斗力，就让人牵来灵獒和狐狸搏斗，却没有获胜。为了不让灵公失望，屠岸贾让看护山林的人抓了另一只狐狸献给灵公说：“灵獒立了大功。”

晋灵公非常高兴，把大夫们吃的肉赏给灵獒，并下令说："敢动我的狗一指头，我就砍他的脚。"号令一出，国人都开始怕狗。渐渐地，狗的胆子越来越大，开始跑到集市上吃肉，临走还不忘叼上一块回去孝敬屠岸贾。大夫们想找晋灵公汇报工作，如果不通过屠岸贾，屠岸贾就放狗咬人。

一天，灵獒跑进羊圈，咬死了灵公的羊。屠岸贾趁机进谗言说，是赵盾家的狗咬死的。晋灵公大怒，再加上此前赵盾三番五次地唠叨让人心烦，便立刻命人找来大力士鉏麑，要他尽快干掉赵盾。

这天黎明，鉏麑怀揣利刃悄悄潜入了赵盾的家。此时赵盾已经起床，卧室的门敞开着，赵盾穿着朝服做好了上朝的准备。但由于时间还早，便正襟危坐闭目养神。见赵盾如此勤于国事，杀手鉏麑不愿伤天害理，悄无声息地退了出去。但完不成国君的任务，自己又无法交代。为了警醒赵盾，鉏麑发出警示后一头撞向庭院中的一棵老槐树，自杀身亡。

眼见一计不成，晋灵公又施一计。当年九月，晋灵公假装热情地邀请赵盾到宫里饮酒，暗地里埋伏好兵甲武士，伺机刺杀赵盾。赵盾的车右武士提弥明察觉情况有异，快步来到大堂对赵盾说："您陪侍国君宴饮，酒过三巡还不告退，已经失礼了。"于是，连鞋子也没有让赵盾穿，就把他急急扶下了大堂。

晋灵公一看，大喊"关门，放狗"。面对张着血盆大口，咆哮而来的灵獒，提弥明毫无惧色，纵身上前，徒手搏杀灵獒。

与此同时，宫内众武士蜂拥而来。赵盾拔出佩剑，且战且退，无奈寡不敌众，提弥明殒命。危急时刻，忽然从宫廷卫士中冲出一人，手持长戟拦住了众武士的去路。赵盾也急忙逃走。

赵盾跑了，晋灵公就像放学回家的顽童一样快乐得想要飞。当然了，他也没有想到“除恶务尽”，就急忙忙带着宫眷跑到桃园游玩。

但是赵盾的侄子（一说堂弟）赵穿不干了，这些年来如果不是有赵盾罩着，自己乃至整个赵氏家族早被人灭了。所以赵穿借着给晋灵公护驾的机会，在桃园杀死了夷皋。

这一天是公元前607年九月二十六日。当时，赵盾还在国境线上徘徊，听到消息后，急忙赶回晋国，继续上朝。太师董狐在史册上记载说：“赵盾杀了他的国君。”并在朝堂上公布。

赵盾感觉很无语，说：“都知道人不是我杀的。”董狐说：“我也知道。但是您作为国家正卿，逃亡时并未走出国境，回到国内也没有惩治凶手，弑君的人不是你是谁？”至此，赵盾弑君恶名板上钉钉。

多年以后，孔子感叹说：“董狐，是古代的好史官啊，据事直书而不加隐讳。赵宣子，是古代的好大夫，因为法度而蒙受恶名。可惜了，如果能走出国境就能避免了。”

国学经典欣赏

乙丑，赵穿攻灵公于桃园。宣子未出山而复。大史书曰：“赵盾弑其君。”以示于朝。宣子曰：“不然。”对曰：“子为正卿，亡不越竟，反不讨贼，非子而谁？”宣子曰：“乌呼！‘我之怀矣，自诒伊戚’，其我之谓矣！”孔子曰：“董狐，古之良史也，书法不隐。赵宣子，古之良大夫也，为法受恶。惜也，越竟乃免。”

——《左传·宣公二年》

39

楚国的崛起

问鼎中原

春秋时期，无论大仗小仗，无论强国弱国，每逢战事国君大都“御驾亲征”，冲锋在前，撤退在后。更甚者，如楚国明文规定国君三年不打仗，死后丧葬规格降等，甚至不能进宗庙（“死不从礼”）。

正是有了这种尚武精神，让楚国从一个位于荒蛮之地的小国逐渐成为春秋战国时期的霸王之国，瓜瓞绵绵八百余年，甚至被虎狼之秦灭亡后，还有“楚虽三户，亡秦必楚”的豪迈誓言。再后来振臂一呼，乱者四应的西楚霸王项羽横空出世，继大泽乡起义后，点燃了灭亡暴秦的熊熊烈火。虽然项羽最后自刎乌江边，但他“不肯过江东”的英雄壮举，至今让人敬仰，更让那些“软脚虾”自惭形秽。连汉代司马迁写的《史记》也以“本纪”的形式把他与秦始皇、汉高祖并列，且列于汉高祖之前，并夸赞说：“位虽不终，近古以来未尝有也。”

据《史记·楚世家》记载，楚人的先祖出自五帝之一的颛顼高阳。屈原《离骚》首句“帝高阳之苗裔兮”即由此而来。高阳是黄帝的孙子，昌意的儿子，生的儿子叫称，称生卷章，卷章生重黎，重黎是帝喾高辛的火正（掌火的官员，火神祝融的原型），因为与共工（水神）作战不利被杀（水克火），帝喾就以重黎的弟弟吴回当火正。

吴回生陆终，陆终有六个儿子，剖腹而产（“拆剖而产焉”）。其中的老六叫季连，芈姓（芈月的先祖），是楚人的老祖宗。

到了周文王时，季连的后裔叫鬻熊，鬻熊的儿子是周文王的臣子，但很早就死了。

到了周成王时，鬻熊的后裔熊怿因为祖上有功，被封在楚地，爵位为子、男，并封给了相应的土地，姓为芈氏，居住在丹阳（湖北省）——大名鼎鼎的芈月的老家。

老熊家人丁兴旺，到了熊渠这一代，生了三个儿子，又恰逢周王朝式微，诸侯有的干脆不朝拜，有的互相打打杀杀。熊渠见有机可乘，公开与周王朝分庭抗礼说“我们是蛮夷之邦，与华夏中土的称号封谥没有牵扯”，于是封三个儿子为王。

但是横的怕愣的，愣的怕不要命的。后来，以残暴凶虐而出名的厉王登上了周王朝的宝座，熊渠害怕他跑来找茬，“自觉”去掉了儿子们王的封号。

公元前741年，楚国迎来了一位堪称空前绝后的君主——楚武王熊通。

楚武王在位三十五年时，楚国已经通过一系列的兼并战争，成为南方首屈一指的强国。看看人家无论大国小国，都是什么公啊侯的，自己却被喊作楚子，于是出兵攻打随国。随国人丈二和尚摸不着头脑，就很委屈地说：“我没有罪啊。”熊通笑眯眯地说：“我是蛮夷之人（潜台词是我素质低，不受某些规矩约束），现在诸侯国之间都发动叛乱相互侵略或者相互残杀，我有点破军备，想要参与政事。麻烦你去找找周王，把我的官职提得高一点（我有敝甲，欲以观中国之政，请王室尊吾号）。”

随君满口答应，但熊通等得花儿都谢了，随人却回复说周王不答应。眼看等了两年就这么个结果，熊通不乐意了，说：“我的祖先鬻熊是周文王的老师，早早就死了。周成王把我先祖安排在楚地，就给了子、男爵位，现在蛮夷都归附我们，但是周王却不给我们升官（不加位），那我自我提拔（我自尊耳）。”于是自立为楚王。

公元前690年春天，楚武王要攻打随国。将要斋戒的时候，忽然觉得心跳得厉害，就回去告诉自己的夫人邓曼。邓曼叹了口气说：“大王您的福禄到头了。满盈了就会动荡，这是自然之道。先君大概知道了（封建迷信），所以在您面临作战，将要发布重大军事命令时让您心跳。如果此行军队没有什么损失，而您死在行军途中，这就是国家之福。”

尽管明知此行凶多吉少，但是楚武王还是义无反顾地踏上了征程，结果真的因为心脏病突发，死在了一棵樠树下。临死前，楚武王要求秘不发丧，继续摆开与随国决一死战的架势，随国恐惧求和，楚军渡过汉水后才公布丧事。

楚武王的儿子楚文王，在迎战巴军时脸部中箭，带伤回国，守门官鬻拳拒不开门，让他打个胜仗再回来，楚文王只得乖乖照办，最后也死在了作战途中。

楚文王死后，他的后人继续励精图治，到楚庄王熊旅（前613—前591年在位）时，更是国力强盛、自信心爆棚。公元前606年，楚庄王发兵攻打陆浑的戎人，到达雒水，在周朝的辖区陈兵示威。周定王派王孙满慰劳楚庄王，谈话间，庄王忽然貌似不经意地问起了周王室九鼎的大小轻重。

作为权力和地位的象征，不同级别的诸侯的鼎有着严格的规格，《左传·公羊传》记载说：“天子九鼎，诸侯七，大夫五，元士三。”现在楚庄王问起周王室九鼎的大小轻重，明显有不臣之心。

王孙满也非等闲之辈，说："鼎的规格怎样在于拥有者的德行，而不在鼎本身。"楚庄王轻蔑地说："你不要以为就你们有九鼎，我们楚国只要折下钩戟的锋刃，就能打造。"王孙满说："您大概忘了九鼎是怎么来的，夏桀是如何失去的，最后又是怎样落到我们周王朝的了。如果一个国家道德美好清明，宝鼎即便很小很轻也搬不走。如果道德奸邪昏乱，宝鼎再重也很容易失去。当年周成王在国都安放九鼎时，曾经占卜过，周朝的气数最少七百年，这是上天的授命。现在周朝的德行虽然衰败，但是天命还没有改变，鼎的大小轻重，是不能询问的。"

一番话下来，楚庄王觉得"装"老大的时机还不成熟，还得韬光养晦，于是撤兵回国。

应该说王孙满此行不辱使命，片言退却百万兵，是个杰出的外交家。

国学经典欣赏

三年春……楚子伐陆浑之戎，遂至于雒，观兵于周疆。定王使王孙满劳楚子。楚子问鼎之大小、轻重焉。对曰："在德不在鼎。昔夏之方有德也，远方图物，贡金九牧，铸鼎象物，百物而为之备，使民知神、奸。故民入川泽山林，不逢不若。螭魅罔两，莫能逢之。用能协于上下，以承天休。桀有昏德，鼎迁于商，载祀六百。商纣暴虐，鼎迁于周。德之休明，虽小，重也。其奸回昏乱，虽大，轻也。天祚明德，有所厎止。成王定鼎于郏鄏，卜世三十，卜年七百，天所命也。周德虽衰，天命未改，鼎之轻重，未可问也。"

——《左传·宣公三年》

40
楚国若敖氏家族的灭亡
狼子野心

斗越椒，楚国人，祖先是楚国君熊绎，芈姓，若敖氏。当初，若敖从䢵娶了一个妻子，生斗伯比。后来若敖去世，斗伯比和母亲就一直在䢵国生活，还和䢵子的女儿有了私情，生下了儿子子文。

䢵夫人觉得脸上无光，命人偷偷把子文扔到了云梦泽边。小子文饿得哇哇大哭，一只老虎发现了，不仅没有吃他，还当起了“奶妈”。恰巧䢵子前来打猎，见此情形非常害怕，就慌慌张张跑回了家，把这一怪异情景告诉了夫人。

夫人听后，吞吞吐吐地说出了整件事情的来龙去脉。女儿做了错事，但孩子是无罪的。䢵子命人从湖边抱回了子文，开始悉心收养照料。由于楚国人把乳称为谷，把老虎叫作於菟，于是给孩子起名为斗谷於菟，而且还成全了斗伯比和女儿的婚事。

斗谷於菟就是后来的楚令尹斗子文。据《国语》记载，斗子文为官十分清廉，谁家有困难，他总是出手相助，因此家中的余粮竟然不够一天吃的（无一日之积）。其间，他还三次辞掉令尹之职。楚成王听到子文身为令尹，家中竟如此清贫，非常感动，于是每次上朝时，总在朝堂上放上一大块肉和一筐干粮送给子文，并多次要给子文提高俸禄。但是每次一提“涨工资”这事，子文就向外跑，一定等到楚王收回成命后才回来。

有人很不理解，就问子文说：“人这一生，为的就是追求荣华富贵，而你却在逃避，为什么呢？”子文回答说：“当官的人，是用来庇护民众的。现在很多民众还不富裕，我要是一心想着获取财富，那就是辛劳民众而使自己获得封赏，离死亡的日子就不远了。我这样做是在逃避死亡，不是逃避富贵。”

所谓积善之家，必有余庆。后来，斗越椒谋反，若敖氏被灭族，但楚庄王念及子文的好，留下了子文的孙子。人们都说，这是子文行善的结果。

话归正题。随着时间流逝，若敖氏开枝散叶，逐渐分成了斗氏和成氏两大支系。这两个支系中光有史可查的令尹就出了七八个，如在晋楚城濮之战中惨败自杀的成得臣（子玉，详见前文“表里山河”篇）和他的儿子成大心，以及斗氏家族的斗子文、斗般，斗越椒，等等。

斗越椒是子文的弟弟司马子良的儿子。斗越椒出生后，子文接到弟弟子良喜得贵子的报告非常高兴，就过府道喜，顺便看看刚出生的侄子。

谁料子文不看则可，一看简直像寒冬腊月冷水浇头。稍加犹豫，子文对弟弟说：“这孩子不能留，你一定要杀了他。”

子良一听，不禁哑然失笑，以为哥哥得了失心疯。但子文却一副心急如焚的样子说：“这孩子长得像熊虎，且声音像豺狼。如果不杀他，长大后必定会惹祸招灾，给若敖族带来灭门之祸。谚语说‘狼子野心’，这孩子就是一只狼，难道能饲养吗？”

还是那句话，孩子是自己的好。子良看哥哥说得言之凿凿，但把孩子翻来覆去看了半天，也没有看出哪里有狗熊和老虎的影子，就坚决拒绝了哥哥的荒唐提议。但子文却从此落下了心病，整日坐卧不宁。

打击接踵而至。公元前632年春天，自己推荐的继承人令尹子玉（成得臣）在城濮之战中兵败自杀，噩耗传来，子文大口吐血，一病不起。眼看自己将不久于人世，子文强撑病体命人招来族人叮嘱说："我不行了。如果哪一天斗越椒知政了，你们一定要赶快离开楚国，千万不要坐等灾祸降临。"一语至此，子文泪如雨下说："鬼魂都知道要吃饭，可若敖氏的鬼魂要挨饿了啊。"说完，含泪而逝。

子文走了，不放心地走了。春秋一代，一个又一个小国被吞并或者毁灭，但一般都采用"灭国不断祭"的做法。因为当时的人对祖先非常尊敬和崇拜，都害怕断了香火，而使先人的魂灵四处流浪。而子文作为一个有着丰富执政阅历和识人用人经验者，他认定斗越椒是一个不折不扣的"凶"孩子，长大后必定会犯上作乱，最终招来杀身之祸，并危及整个家族。

而事实也印证了子文的判断。子文死后，楚成王怀念其功劳和为人，特地任命他的儿子斗般为令尹，斗越椒为司马，蒍贾为工正（管理百工的官员）。与《东周列国志》里的蒍贾善良且爱国不同，据《左传》记载，蒍贾后来进谗言杀死了斗般，当然，斗越椒也是同谋。据说，斗般死得很惨，是在朝堂之上众目睽睽之下被弑父自立的楚穆王用铜锤残忍地击打而死的。此后，斗越椒担任令尹，蒍贾接替斗越椒当了司马。

除掉了拦路虎，斗越椒又把厌恶的目光投向了蒍贾。这一方面是因为斗越椒不满楚庄王对自己"分权制衡"，另一方面也是因为两个"野心家"难以和睦相处。于是，公元前605年，趁着有问鼎之志的楚庄王领兵攻打陆浑之戎之际，斗越椒尽起家族之兵把芳贾囚禁在轑阳，进而幽杀而死。随后全体人马进驻烝野安营扎寨，准备一举消灭楚庄王。

消息传出，举国震动。早有细作飞报楚庄王。庄王一听，大惊失色，星夜兼程回国平乱。此时，骄横凶悍志在必得的斗越椒已在烝野严阵以待，即将发起致命一击。而楚军作战归来，归路被截，已是疲惫之师。楚庄王万般无奈，提出用三代国君的子孙作为人质与斗越椒讲和。但是野心勃勃的斗越椒垂涎的是楚君之位，而且觉得胜券在握，因此断然拒绝。

困兽犹斗。楚庄王作为“春秋五霸”之一和中国古代“战斗民族”的优秀代表，也绝非善类。既然谈不拢，那只好战场上决胜负。

公元前605年七月戊戌日，楚庄王和斗越椒在皋浒摆开战场。战斗开始，斗越椒勇不可当，张弓搭箭直取楚王。弓弦响处，箭如流星，破空而来，飞过车辕、穿过鼓架，打在丁宁（铜钲）之上。左右大骇，急架车盖遮住庄王。此时，斗越椒又一箭飞至，越过车辕，硬生生穿透了车盖。楚军见此情形十分恐惧，开始退却。楚庄王见势不妙，再也不“装”英勇无畏了，命令全军撤退，另作计较。

楚庄王久经沙场，自然明白军心稳定的重要性。因此从战场退下不久，他就派出手下到处嚷嚷说：“大伙看斗越椒的箭很特别是吧？那是当年先君文王进攻息国时得到的，一共有三支，被斗越椒偷走了两支，现在他都用完了，因此他没什么可怕的了。”楚军一听，虽然心里还有点疑虑和恐惧，但还是慢慢稳定了下来。

楚庄王见“稳军计”成功，随即击鼓进军。在能征惯战的楚军面前，斗越椒的家族之兵毕竟稍逊一筹，很快支撑不住，被楚军尽数消灭。眼看大势已去，斗越椒的儿子斗贲皇狼狈逃出战场，投奔晋国，后被晋任为大夫，采邑于苗，这就是后来的苗贲皇，是晋国八大贤臣之一。

叛乱平定，楚庄王一不做二不休，将长期在楚国政坛呼风唤雨的若敖氏家族屠戮殆尽。至此，斗子文的预言几乎全部应验。斗越椒的野心换来的不过是一段鲜血写成的家族血泪史。

国学经典欣赏

初，楚司马子良生子越椒，子文曰："必杀之！是子也，熊虎之状，而豺狼之声，弗杀，必灭若敖氏矣。谚曰：'狼子野心，'是乃狼也，其可畜乎？"子良不可。子文以为大戚。及将死，聚其族，曰："椒也知政，乃速行矣，无及于难。"且泣曰："鬼犹求食，若敖氏之鬼不其馁而？"

——《左传·宣公四年》

41
郑襄公献城降楚
唯命是听

郑国的第一位国君是郑桓公友。桓公友有一个远近闻名的坏爸爸——周厉王，但他却是一个不折不扣的大好人。周宣王二十二年，友封于郑，即现在的陕西凤翔县南一带。由于他政声甚佳，连他的封地之外的民众都想“移民”投靠。

周幽王即位后，宠信冰美人褒姒，国政日非，郑桓公就想找个地方避难。太史伯指点说，唯独洛邑（今河南洛阳）东边，黄河、济水之南的地方才是郑的“风水宝地”。太史伯还说，如果向南迁到长江一带，下一步周王室衰落，楚国必定兴盛，楚国兴盛，对郑国不是好事。

郑桓公于是听从了太史伯的建议，征得幽王同意，带着封地上的民众来到了洛东，虢国和郐国“自愿”献上了十座邑城，郑国由此成立。

郑国地处中原地带，是物华天宝、人杰地灵的好地方，但从军事角度看，却又是一个无险可守的四战之地、群雄逐鹿的战略要地和兵家必争之地。这就决定了郑国在春秋战国时期多灾多难，兵祸连连。

公元前597年春天，楚庄王以“厉之役”时郑国国君襄公秘密逃跑回国，后又和晋国结盟为由而出兵攻打郑国。关于“厉之役”，因为现有资料不详，所以古今著名学者多有争议，很多人认为是发生在厉地的一次战争。但是从《左传》的记载“厉之役，郑伯逃归，自是楚未得志焉”来看，也有人推测可能是楚国原本打算和郑国在厉国（今湖北省随县北面厉山之下的厉乡）会盟，而郑伯临时反悔，偷偷逃走，让楚王空欢喜一场之事。不管具体原因是什么，总之郑襄公得罪了楚庄王，引来了兵祸。

楚兵到来后，立刻团团围住了郑国都城，一连围困了十七天。在楚国的强大攻势下，眼看郑国快要支撑不下去，心急如焚的郑襄公就用起了当时各国通用的法子——占卜。占卜的结果是，向楚国求和不吉利，但是如果去太庙里哭和出车去街巷，则很吉利。

哭上几声就能把敌人哭走，那还等什么，哭吧！于是乎，郑国都城里立刻哭声震天，襄公和大臣们在太庙里哭，守城的士兵在城墙上哭。那哭声端的是响遏行云，撼天动地。连坐在大营里的楚庄王都吃惊非小，忙不迭地跑出来一探究竟。听了一会，楚庄王也突然有些不忍，就下令大兵后退，另择地安营扎寨。

听说楚兵果然被哭退了，一些人哭得更起劲了。结果被人一脚踹翻说：“还哭什么哭？抓紧起来垒墙。”那人不解地问：“楚兵都走了，费那劲干吗？”“少啰唆，让你干你就干。”于是乎，趁着楚国退兵，郑国人开始加班加点修筑城墙。

再说楚庄王等得花儿都谢了，不仅没有等到郑国派人讲和，郑国人反而重新返修加固了城墙，楚庄王不禁勃然大怒，下令立刻重新围城。这一围就是三个月，这期间，郑襄公眼巴巴地盼着晋国前来搭救，却是竹篮打水一场空。

这一天，在楚人凌厉的攻势之下，郑国城破，楚兵从皇门蜂拥而入，很快到达了京城的大路上。正在这时，令人惊讶的一幕又出现了，只见郑襄公脱去了衣服牵着羊来迎接楚庄王说：“我不能奉承天意，不能事奉君王，使您怀着怒气来到我们这破地方。这都是我的罪过，岂敢不唯命是听？您把我俘虏到江南，流放到海边也行；灭亡郑国，赐给诸侯，把我们当奴隶也行。但是您如果念及以往的友好，而不灭绝我国，让我重新侍奉您，让郑国相当于贵国的辖地，那是您的恩惠，也是我的愿望，但是我不敢指望这些。”

楚庄王犹豫了，他的左右随从说：“不要答应，到嘴的肉不能吐回去（不可许也，得国无赦）。”楚庄王说：“该国国君能甘居人下，必能取信和使用本国民众，还是很有希望的。”于是楚庄王下令兵退三十里和郑国缔结和平条约。楚国方面由潘尫到郑国做人质，郑国的子良到楚国做人质。

等一切尘埃落定，这年六月，晋国派兵来救援郑国。晋楚又一次刀兵相见。

国学经典欣赏

十二年春，楚子围郑，旬有七日。郑人卜行成，不吉；卜临于大宫，且巷出车，吉。国人大临，守陴者皆哭。楚子退师。郑人修城，进复围之，三月，克之。入自皇门，至于逵路。郑伯肉袒牵羊以逆，曰：“孤不天，不能事君，使君怀怒以及敝邑，孤之罪也，敢不唯命是听……”左右曰：“不可许也，得国无赦。”王曰：“其君能下人，必能信用其民矣，庸可几乎？”退三十里而许之平。

——《左传·宣公十二年》

42

晋楚邲之战

困兽犹斗

郑国被楚军围困，好不容易与楚国签订了和平条约，久等不至的晋军却赶来救援，随后和楚军交战而一败涂地，这场战争，就是著名的晋楚“邲之战”。

这原本是一场不该发生的战争，但因为晋军副帅先縠（先轸的儿子）违抗军令擅自出战，迫使晋军投入战斗，结果晋军惨败。“英勇无畏”的先縠回国后被杀，而且被晋景公“尽灭其族”，教训可谓惨痛。

公元前597年六月，支援郑国的晋国军队浩浩荡荡来到黄河岸边，这厢立足未稳，那厢传来了郑楚讲和的消息。主帅荀林父踌躇再三决定退兵，他说：“我们没有及时救援郑国，再兴师动众已经没有什么意义，等楚军走了再动手也不算晚。”

这一想法得到了上军主帅士会的赞同。“我听说用兵之道在于善于观察敌人的弱点而行动。一个国家如果德行、刑罚、政令、事务、典则、礼仪合乎常道，就是不可进犯的。楚国讨伐郑国，是因为讨厌郑国有二心，但又可怜郑国的卑下顺服而赦免了它，情理上说得通。还有，楚国现在上下一心，民众安居乐业、士兵关系和睦。军队出动时，右军跟随主将的车辕，左军打草作为歇息的准备，前军以旄旌开路以防意外，中军斟酌谋划，后军以精兵压阵。各级军官根据各自的旌旗的指示而行动，军事政务不必等待命令而完备，这就是能够运用典则了。无论从内政外交上看，楚国都是不可抵挡的。”士会继续说，“看到有可能就进军，知道有困难就后退（知难而退），这是治军的好策略；兼并衰弱进攻昏暗，这是用兵的好规则。我们还是先整顿军队，筹划武备吧。”

但是此举却遭到了荀林父的副手先縠的强烈反对，他说：“不能撤兵，楚国之所以称霸是因为军队勇武、臣下得力。我们这样做，算不上勇敢和得力。如果由于我们而使晋国失去了霸主地位，不如去死。”随后，先縠带领手下渡过了黄河，迎击楚军。

先縠此举一下让主帅荀林父处在了进退两难的尴尬境地。按照司马韩厥的话说：“荀林父作为主帅而治军不严，此罪一；如果不接应先縠，先縠兵败，此罪二；没有及时支援郑国，郑国倒戈，此罪三。”更令人揪心的是，根据下军大夫荀首的预测，晋军必败无疑。他说：“《周易》有《师》之《临》卦，爻辞说‘出兵用法令治理，法令不严明，结果必凶’。我军和楚兵遭遇，必定失败。罪魁祸首就是先縠，即使不会战死，回国后也会有大祸降临。”

明明眼前就是陷阱，荀林父已经不得不跳。所谓两害相权取其轻，司马韩厥说：“我们还是进军吧，如果失败了，罪过由我们六个人分担，比你一个人要好得多。”

无独有偶。此时，楚军君臣上下对是否与晋国开战也有两种意见。令尹孙叔敖主和，他甚至命令军队回车向南，倒转旌旗准备班师回国。

而楚王的宠臣伍参则极力主战，他说："晋国的荀林父是新人，威信不足，副帅先縠刚愎自用，不听将令。三军将领想专权却能力不够，想做事又缺乏强有力的领导者，他们一定打败仗。"楚庄王于是命令掉转车头，等待晋军。

晋军渡河之后，在敖、鄗两山之间扎下大营。由于尚不知鹿死谁手，郑国决定坐山观虎斗，于是派出大夫皇戌怂恿晋军说："我们郑国是为了生存而投靠楚国，对晋国没有二心。你们一定要进攻楚国，我们会做后援，楚军屡次得胜而骄傲，一定会失败。"

先縠很高兴，但栾书却忧心忡忡地劝阻说："楚国自从战胜庸国以来，没有一天不告诫国内百姓生计不容易，祸患随时会到来，要提高警惕，教育军队说胜利不会永远保有，并用若敖、蚡冒筚路蓝缕、开辟山林的事迹来警示鼓励他们。而且楚军日夜警备森严，我们无机可乘。还有，郑楚两国分别派出最杰出的人物到对方国家做人质，绝对不会相互背叛，郑国怂恿我们作战，是用我们下赌注。我们如果贸然作战没有必胜把握。"无奈先縠不听。

与此同时，楚方对是战是和也犹豫不定，甚至几次派出使者要求讲和，但晋楚军中主战派相互不服，屡次挑逗攻击，战争最终不可避免地爆发升级了。

六月十四日，晋楚两国大交兵。在楚军的战车和兵团的凌厉攻势下，晋军惊慌失措。主帅荀林父一时间也慌了手脚，在军中击鼓宣布说："先过河的有赏。"此令一出，晋军顿时乱成了一锅粥。除了上军提前防范保持不败外，中军和下军士兵拼命抢夺船只，争渡黄河。眼看着船上已挤得满满当当，船下的人还紧抓着船帮往上爬。船上的人挥刀就砍，刀光闪处，血水四溅，惨叫震天，船上的断指多得可以用手捧起来（中军下军争舟，舟中之指可掬也）。

在记叙战争场景之余，《左传》特地讲了几个小故事，从中我们可以管窥先人们的风采，乃至大国何以成为大国的奥秘。

故事一：战斗中，晋军的一辆战车陷在坑里动弹不得，楚军没有乘人之危，而是告诉晋军抽出车前横木再逃跑。晋人如法炮制，不料没跑几步，马又原地打转，随后赶来的楚国人又教他们拔掉大旗，扔掉车辕头上的横木再逃跑。然而，死中得活的晋国人不仅没有道谢，反而转过头嘲笑说："我们可不像大国的人有多次逃跑的经验。"

故事二：混战中，晋军部将赵旃用自己的两匹好马帮助哥哥和叔父逃跑，换上劣马拉车返回阵地，不料遭到楚军攻击，赵旃弃车跑进树林，恰好遇见将军逢伯驾车带着两个儿子逃跑。赵旃大喜，连声呼救。逢伯对两个儿子说："不要回头。"儿子边回头看边说："赵老头在后面喊咱们（赵叟在后）。"逢伯大怒，让两个儿子滚下车，指着身旁的一棵树说："我会来这里给你们收尸。"赵旃得救了，逢伯的两个儿子死在了大树下。

故事三：战斗持续到黄昏，晋军已是溃不成军，吵嚷了一整夜，才渡过黄河。六月十五日这天，楚军进驻衡雍。将军潘党建议说："我们何不把晋军的尸体集合起来做成'京观'留给子孙们看呢？"楚庄王说："看来你不懂。说到文字，止戈二字合起来是个武字……武，是用来禁止暴力、消灭战争、保持强大、巩固功业、安定百姓、调和大众、丰富财物的。现在我让两国士兵暴露尸骨，这是施暴；通过炫耀武力让诸侯畏惧，战争就不能消灭，不能消灭战争，我们的国家如何保持强大？而且晋军是为了执行国君的命令而死，我们能把他们当作战利品示众吗？"于是，楚庄王拒绝了潘党的建议，在黄河岸边郑重祭祀了河神，修建了楚国先君的神庙，报告了胜利的消息后，回到了楚国。由此，楚国开始饮马黄河，雄视北方。

故事四：当年秋天，荀林父带领残兵败将回到晋国，请求国君治自己死罪。晋景公打算同意，但被士会拦住了说：“不能这样，当年文公打赢城濮之战，一连三天吃着楚军的粮食，还一脸忧愁。别人问他为什么，他说成得臣（子玉）还在，忧愁就不算完结。被困的野兽还要拼命挣扎一番（困兽犹斗），何况是一国宰相呢？等到子玉自杀了，文公才高兴地说不会有人危害我了（莫予毒也），楚国也因此持续衰弱很多年，我们正是用人之际，不能犯这样的错误啊。”晋景公同意了，并让荀林父官复原职。

故事五：公元前596年秋天，赤狄进攻晋国，到达清地，是在作死道路上一路狂奔的先縠把他们引来的。当年冬天，晋国追究晋楚战争失败和清地战争的责任，先縠作为罪魁祸首问成死罪，他的族人也一并被杀了个干净。人们都说，这是先縠自找的！

国学经典欣赏

秋，晋师归，桓子请死，晋侯欲许之。士贞子谏曰：“不可。城濮之役，晋师三日谷，文公犹有忧色。左右曰：‘有喜而忧，如有忧而喜乎？’公曰：‘得臣犹在，忧未歇也。困兽犹斗，况国相乎！’及楚杀子玉，公喜而后可知也，曰：‘莫余毒也已。’是晋再克而楚再败也。楚是以再世不竞。今天或者大警晋也，而又杀林父以重楚胜，其无乃久不竞乎？林父之事君也，进思尽忠，退思补过，社稷之卫也，若之何杀之？夫其败也，如日月之食焉，何损于明？”晋侯使复其位。

——《左传·宣公十二年》

43

宋国统帅入楚营弭兵

尔虞我诈

孟子有云，春秋无义战。宋国作为春秋时期的弱国，小国寡民，列强环伺，在夹缝中求生存，倘若内无法家拂士，外无可靠援手，覆亡只在旦夕间。幸运的是，宋国有华元这样一位关键时刻扶大厦于将倾，挽狂澜于既倒的栋梁之材。

《左传·宣公十四年》记载，公元前595年，不怀好意的楚庄王派申舟访问齐国，但命令申舟不能向宋国借路，而是大摇大摆地走过即可。同时，又派公子冯出使郑国，也不让他向郑国借道。临行之前，对庄王的鬼把戏心知肚明的申舟对自己的命运做出了准确的预言——必死无疑。楚庄王说："没事，你死了，我给你报仇。"

果然，申舟一到宋国，就被人拦下。华元说，这家伙经过我们国土，却连招呼都不打，明摆着是小瞧我们。反正横竖楚国也会派兵侵略，干脆拼了。于是命人杀了申舟。消息传到楚国，激动之下的楚庄王再也不"装"了。他一甩衣袖站起身来就向外跑，侍从追到寝宫甬道上才让他穿上鞋子，追到寝宫门外才让他佩带上剑，追到闹市上才让他坐上了车子。

当年秋九月，楚王兵围宋国。

面对气势汹汹志在必得的强敌，宋国军队在亡国灭种的危急关头，在国君和华元的带领下，倾全力以求生，借主场作战之优势，数次打败来犯之敌，牢牢守住了都城。

双方僵持到第二年（公元前594年）夏五月，天气越来越热，楚庄王见久攻不下，萌生退意。申舟的儿子不干了，说当时我老爹明知道会一去不返，尚不敢违抗您命令，您现在却要说话不算话了。楚王无奈，接受了臣子的建议，在宋国都城外盖房子、种庄稼，做出要打持久战的架势，胁迫宋国投降。

此招果然厉害，宋国人心浮动。关键时刻，华元挺身而出，在一个夜晚悄悄潜入楚军主帅子反的寝帐，并登上他的睡榻，叫醒了他。子反一睁眼，差点吓个半死，华元却一脸诚恳地说："您不用害怕，要杀您我早动手了。我这次来，是国君让我告诉您，我们宋国已经弹尽粮绝，开始易子而食，把骨头当柴烧了。但即使这样，想让我们立城下之盟，我们死也不会答应的。但是你们要能兵退三十里，凡事好商量。"

子反看着赖在身边不走的华元，连忙点头。私下和华元订了退兵三十里的盟约，随后告诉了楚庄王。此举正中庄王下怀，于是楚宋两国签订了和平条约，但附带一条，华元到楚国当人质。盟约上写道："我不欺骗你，你也不用防着我（我无尔诈，尔无我虞）。"这就是"尔虞我诈"的由来。

楚子使申舟聘于齐，曰："无假道于宋。"亦使公子冯聘于晋，不假道于郑。申舟以孟诸之役恶宋，曰："郑昭宋聋，晋使不害，我则必死。"王曰："杀女，我伐之。"见犀而行。……秋九月，楚子围宋。

——《左传·宣公十四年》

夏五月，楚师将去宋，申犀稽首于王之马前，曰："毋畏知死，而不敢废王命，王弃言焉。"王不能答。申叔时仆，曰："筑室反耕者，宋必听命。"从之。宋人惧，使华元夜入楚师，登子反之床，起之，曰："寡君使元以病告，曰：'敝邑易子而食，析骸而爨。虽然，城下之盟，有以国毙，不能从也。去我三十里，唯命是听。'"子反惧，与之盟，而告王。退三十里，宋及楚平，华元为质。盟曰："我无尔诈，尔无我虞。"

——《左传·宣公十五年》

44

晋国大夫忠于君命

鞭长莫及

公元前595年，楚庄王派申舟借道宋国出使齐国，但又故意不让申舟向宋国发“外交照会”。申舟说：“这样做，宋国人会杀了我。”庄王说：“那样的话，我会为你报仇。”君命难违，申舟栖栖遑遑上了路。果然，一到宋国申舟便被逮捕杀死。当年九月，楚庄王带领军队团团包围了宋国。

双方僵持到第二年（前594年），宋国眼看顶不住了，就派大夫乐婴齐向盟友晋国求救。晋景公要立即出兵，却被谋臣伯宗拦住了，他说：“我们不能出兵。古人有句话‘马鞭虽长，够不着马肚子（鞭长莫及）。’现在上天正在保佑楚国，我们无法和他竞争。我们晋国虽然也很强大，但是不能违背天意。谚语说‘高下在心’。河流湖泽得容纳污水，山野沼泽里藏着毒气，美玉中藏匿瑕疵，国君也得忍受些耻辱，这是上天的常道。我们现在需要忍耐，不能强出头。”

伯宗这番话，换成今天的话说就是要“韬光养晦”。因为事实摆在那里，晋国新败，楚国势头正猛，如果勉强出兵，晋军必定再次吃败仗，损兵折将不说，声誉也会进一步受到影响，得不偿失。晋景公也不是傻子，点头同意了。

孙武子在《孙子兵法》开篇写道：“兵者，国之大事，死生之地，存亡之道，不可不察也。”在《作战》篇中，孙武子进一步指出，以一场出动十万人的战争为例，战争伊始就至少需要上千辆的战车和上千辆的辎重车，配合十万穿着甲胄的战士，自千里之外运送粮草。再加上各种军费、外交情报等费用，一天下来就是天文数字。而且，如果不能迅速取胜，战事拖延一久，士兵就会怨恨和疲惫，国家就会财政吃紧，甚至邻国趁机发动袭击，整个国家都可能陷入巨大危机之中，神仙也救不了。

晋景公打消了出兵解救宋国的念头，但是完全坐视不理，声誉就会遭受严重损失，更何况，此时晋国的小弟只剩下了宋国。为此，晋景公派出大夫解扬到宋国，让解扬说“晋国将发倾国之兵驰援宋国，不过得做些准备工作，马上就到，不要投降”。

不料，解扬走到半路被郑国人抓住，送给了楚国。楚庄王一听大喜，连忙给解扬松绑，好吃好喝好招待不说，还给了解扬大把钱财，条件只有一个，让他告诉宋国人“晋国不会来了，快投降吧”。

解扬也没客气，甩开腮帮子连吃带喝，酒足饭饱后，打着嗝对楚王说“不干”。楚庄王很崩溃，恨不得一刀剁了他，但此人毕竟有大用场，只好赔着笑脸温言劝说，嗓子都快冒烟了，解扬才点头同意。

庄王让解扬登上楼车，向宋国人喊话。解扬却趁机告诉宋国人说，晋军马上赶来救援，坚持就是胜利。一时间，宋国人群情激奋、奔走相告，纷纷表示一定坚持到底，打败楚国“野心狼”。

楚庄王眼见被解扬要了，气得直跳脚，命人立刻剁了他，并派人责备说："你既然答应了我，为什么又反悔了？不是我们不讲信用，你得去死，这是你自找的。"

解扬回答说："我听说，国君制定命令是道义，臣下接受命令是信用，信用承载着道义去施行就是利益。谋划不失利益，以此来保卫社稷的，是民众的主人。道义不能有两种信用，信用也不能接受两种命令。国君您贿赂臣下，让我说假话，是不懂命令的意义。我之所以答应你，是为了趁机完成任务。如今我任务完成，死而无憾，而且这是我的福气。"

楚王一听，陷入了长久的沉默，最后叹口气说："这样的忠臣杀不得，让他走吧"。

送走了解扬，楚军继续围困宋国，双方僵持到当年五月，楚王决定退兵。

国学经典欣赏

宋人使乐婴齐告急于晋。晋侯欲救之。伯宗曰："不可。古人有言曰'虽鞭之长，不及马腹。'天方授楚，未可与争。虽晋之强，能违天乎？谚曰：'高下在心。'川泽纳污，山薮藏疾，瑾瑜匿瑕，国君含垢，天之道也，君其待之。"乃止。

使解扬如宋，使无降楚，曰："晋师悉起，将至矣。"郑人囚而献诸楚，楚子厚赂之，使反其言，不许，三而许之。登诸楼车，使呼宋人而告之。遂致其君命。

——《左传·宣公十五年》

45

春秋报恩故事

结草衔环

《左传》记载，公元前594年七月，秦桓公发兵攻打晋国，以报复晋国消灭并侵吞了潞国。

按说潞国国君婴儿还是晋景公的姐夫，但问题是婴儿虽然是一国国君，但人如其名，在权臣酆叔面前还不如个小孩子。不仅自己的老婆也就是晋景公的姐姐被酆叔诬陷杀死，连眼睛被酆叔打伤，都不敢吭一声。

晋景公看不下去了，打狗还看主人呢。公元前594年六月，景公派大将荀林父和魏颗领兵，直取潞国。

酆叔带兵据于曲梁，被晋军一阵杀败，酆叔撒丫子逃到卫国。而此时卫国和晋国交好，看到送上门的“肥羊”，卫人也没客气，直接绑好送到晋国，被晋国人一刀来了个痛快。

欺负自己的酆叔死了，但国家也没了，再加上老婆也死了，心灰意冷的婴儿选择了自杀。

秦国人不答应了，派大力士杜回带兵讨伐晋国，兵驻辅氏（今陕西省大荔县）。

这一天，晋将魏颗和杜回交手，就在魏颗气力不支的时候，忽见一个老人用草编的绳子不停地套杜回的脚。杜回是步下将，作战时不用车马，脚脖子被人一套，一个趔趄摔倒在地，被魏颗生擒活拿，立下奇功一件。

当晚，魏颗在梦中又见到了那个老人，老人说："我是你所嫁的女人的父亲，你采用你先人清醒时候的命令，所以我来报答你。"

原来，当初魏颗的父亲魏武子魏犨有一个心爱的小妾，虽然没生孩子，但魏犨对她百般疼爱。魏武子生病时，特地把魏颗叫到身边说："我死后，你一定给她挑个好人家嫁了。"魏颗点头答应。后来，魏武子病重，在弥留之际，又把魏颗叫到跟前说："我要死了，唯一舍不下的就是这个爱妾。我死后，你一定让她为我殉葬，让我九泉之下也有个伴儿。"

但是魏武子死后，魏颗把小妾寻良人另嫁。有人质疑他违背父命，魏武子说："这才是父亲头脑清醒时候的话，病危时候的话是糊涂之言，不能采信。"

衔环的传说，来自东晋干宝的《搜神记》，南朝梁吴均著录的中国古代神话志怪集《续齐谐志》也有记载。

《续齐谐志》说，东汉初年，弘农人杨宝生性慈爱。九岁那年，他在华阴山上看到一只黄雀被鸱枭抓得伤痕累累，掉在树下，被蚂蚁围攻。杨宝动了恻隐之心，把黄雀抱回了家，放在巾箱里，用黄花喂它。

在杨宝的悉心照料下，黄雀羽翼渐丰。有一天，黄雀绕堂哀鸣后飞走。当晚，杨宝正在读书，一个黄衣童子向他拜谢，并给了他四个白玉环说："我是王母娘娘的使者，在出使蓬莱的路上被鸱枭抓伤，感谢你救了我。送给你四枚玉环，可保佑你的子孙位列三公，如这白玉环般洁白清廉。”

史载，杨宝的儿子杨震、孙子杨秉、曾孙杨赐、玄孙杨彪四代皆官至太尉，都刚正不阿，为政清廉，为后人所传诵。其中，杨震就是那个以“天知、地知、你知、我知”为由不受礼金而闻名古今的清官，《后汉书》专门为他作传。

国学经典欣赏

秋七月，秦桓公伐晋，次于辅氏。壬午，晋侯治兵于稷，以略狄土，立黎侯而还。及雒，魏颗败秦师于辅氏，获杜回，秦之力人也。

初，魏武子有嬖妾，无子。武子疾，命颗曰：“必嫁是。”疾病，则曰：“必以为殉。”及卒，颗嫁之，曰：“疾病则乱，吾从其治也。”及辅氏之役，颗见老人结草以亢杜回，杜回踬而颠，故获之。夜梦之曰：“余，而所嫁妇人之父也。尔用先人之治命，余是以报。”

——《左传·宣公十五年》

46

楚国令尹的临终遗言

无立锥之地

公元前597年六月，楚军在邲之战中大胜晋军奏凯回国后，作为主和派的孙叔敖一病不起，他说："战胜晋国的大功，竟然出自一个嬖（贱而得幸曰嬖）人，我太惭愧了。"实际上，在这次战斗的关键时刻，正是孙叔敖当机立断，建议楚庄王迅速发起强大攻势，而一举击溃了晋军。

所谓的嬖人，即主战派伍参（伍子胥的曾祖父）。回国后庄王论功行赏，伍参麻雀变凤凰，由地位卑贱的宠臣提拔为大夫，跻身权臣之列。但孙叔敖却觉得这是耻辱，积郁成疾，于前593年背发疽疮而死。

临终之时，孙叔敖把儿子孙安叫到跟前，告诉儿子自己死后绝对不能做官，实在没饭吃了，就去找一个人。孙叔敖说："我死之后，如果大王封你官职，你不能接受，因为你不是那块料。老爸一生清廉，没有给你留下什么遗产，如果生活不下去了，就去找大王的弄臣优孟。我早就想到了这一天，很早就善待他，他一定会帮你的。记住，大王如果赐你田地，别的地方都不能要，就要土地瘠薄的寝丘，这样才不会被人眼红，能确保咱们几辈人吃喝不愁。”

孙安含泪答应，薄葬了父亲。这倒不是孙安吝啬，而是实在太穷了。孙叔敖当令尹（相当于宰相）几十年，临死之时家无余财不说，连口薄皮棺材都差点买不起。

民间有一代聪明一代憨之说。孙叔敖的儿子不太成才，但孙叔敖却是响当当的人物，他不仅是春秋时期的“名相”，而且是著名的水利专家、财政金融专家。司马迁在《史记》中列他为“循吏”第一，《吕氏春秋》《荀子》等作品称他“圣人”。

还有，孙叔敖是不折不扣的世家子弟，他的父亲是前文提及的被楚国令尹斗越椒幽杀的𫇭贾。𫇭贾被难之时，孙叔敖带着母亲逃难到云梦泽，被人收留。公元前601年，由于治水有功等原因，孙叔敖被推荐担任楚国令尹。

据记载，孙叔敖从小就见识不凡，但其长相却实在马虎。《荀子·非相》记里说，“楚国的孙叔敖是期思这个地方的粗人，头秃发少，左手比右手长，身高不及车前的横木”。这大概就是人们常说的“异人有异相”吧。

孙叔敖还是个虚怀若谷的人。当年孙叔敖平步青云成为令尹，举国之人，无论熟悉的不熟悉的，包括以前遇见眼皮都不翻的人，都争先恐后前来祝贺。这时却来了一个老人，穿着麻布丧服、戴着白帽子前来吊丧。

孙叔敖不仅没有生气，反而客客气气迎进门，虚心请教。老人说：“当了大官，对人骄傲，民众就会远离；大权独揽，国君就会厌恶；俸禄优厚却不满足，就会招来祸患。所以，您要谦虚、谨慎、不贪财，这样就会把楚国治理好。”孙叔敖连连点头称是，且终其一生，恪守不渝。

孙叔敖英年早逝，家里没了收入，生活很快陷入困顿，儿子孙安不得不靠打柴度日。

几年后的一天，孙安在打柴路上巧遇父亲临终前提到的优孟，述说了自己的窘境和父亲临终前的嘱咐。优孟说：“你不要到远处去，等我的消息。”

优孟回到家中，让人缝制了孙叔敖的衣服帽子，开始了孙叔敖“模仿秀”。这样模仿了一年多后，竟然连楚庄王和亲近大臣都分辨不出来。有一天，庄王举行酒会，优孟上前为他敬酒，庄王大吃一惊，以为孙叔敖复活了，请他继续担任令尹。优孟说，这事得回去和老婆商量商量，三天后回话。

三天之后，优孟来见庄王，庄王问：“你妻子怎么说的？”优孟说：“我妻子坚决不答应。她说像孙叔敖那样的清官好官，一心治理国家，让楚国称霸天下，死后他的儿子连个立锥子的地方都没有（无立锥之地），穷困到靠打柴维持生计，要是像孙叔敖这样，还不如自杀。”

庄王听了很受感动，也很惭愧，就召见孙安，并按孙安的请求把寝邱这个四百户之邑封给他们一家，用来祭祀孙叔敖，传了十代都没有断绝。

国学经典欣赏

楚相孙叔敖知其贤人也，善待之。病且死，属其子曰：“我死，汝必贫困。若往见优孟，言我孙叔敖之子也。”居数年，其子穷困负薪，逢优孟，与言曰：“我，孙叔敖之子也。父且死时，属我贫困往见优孟。”

优孟曰："若无远有所之。"即为孙叔敖衣冠，抵掌谈语。岁余，像孙叔敖，楚王及左右不能别也。庄王置酒，优孟前为寿。庄王大惊，以为孙叔敖复生也，欲以为相。优孟曰："请归与妇计之，三日而为相。"庄王许之。三日后，优孟复来。王曰："妇言谓何？"孟曰："妇言慎无为，楚相不足为也。如孙叔敖之为楚相，尽忠为廉以治楚，楚王得以霸。今死，其子无立锥之地，贫困负薪以自饮食。必如孙叔敖，不如自杀。"

——《史记·滑稽列传》

47

晋齐鞍之战

余勇可贾

公元前592年春天，晋景公派大臣郤克（郤缺的儿子）出使齐国，征召齐国参加会盟。不期而至的还有鲁上卿季孙行父、卫上卿孙良夫和曹公子首。

令人瞠目的是，四位使者都有些残疾。郤克独眼，季孙行父是秃子，孙良夫跛脚，曹公子驼背。

齐顷公一本正经地接见了四人，回到后宫却忍不住笑成了一朵花。母亲萧同叔子很奇怪，就问顷公，齐顷公一五一十地告诉了母亲。萧同叔子也感觉此事有些离奇，提出要开开眼界。齐顷公正想让因为父亲亡故而整日伤心的母亲高兴点，忙不迭地答应了。

按照当时的“外交惯例”，一国使者到来后，由东道国负责提供车马仆从等后勤保障服务。无野先生为了增加喜剧效果，特地命人找来独眼、秃子、跛子和驼背的各一人，对应服务四国使者，让母亲萧同叔子躲在一旁偷看。

外交无小事。齐国上卿国佐闻听此举大吃一惊，急忙劝谏齐顷公切勿如此儿戏。无奈，萧同叔子此前不过是个地位卑下的女人，好在肚子争气，母以子贵，但对外交礼仪一窍不通，更不懂敬畏。而此时的齐顷公年轻气盛，一心希望哄得母亲开心，却不知塌天大祸就此埋下根苗。

四国使者在四位残疾侍者的陪伴下应邀赴宴，躲在帷后偷偷观看的萧同叔子看到这颇具喜剧效果的一幕，忍俊不禁，左右侍女也忍耐不住，哄堂大笑。

见此情形，郤克不由得勃然大怒，告辞出来后发誓说："我不报复这个耻辱，就不再渡过黄河。"于是，四国使者同仇敌忾，商量好报仇计划后各自离去。

从此，郤克的脑子里只剩下了复仇。回到晋国，他立即向晋景公提议攻打齐国，被拒绝。又请求带领家族武装去进攻，景公考虑到接下来还要和齐、鲁等国会盟，也没答应。但郤克没有善罢甘休。此后，齐国派使者出使晋国。郤克在黄河上设伏捉拿了齐使，全部杀死。由此，齐晋两国的外交渠道被人为阻断。

范武子（士会）看出郤克即将失控，为了不再因同僚不和而酿成邲之战那样的悲剧，决定告老还乡。辞官之前，士会特地叫来了自己的儿子范文子（士燮）说："燮啊，如果郤克的怒火发泄不出来，一定会造成灾难。为了让郤克心满意足，我决定告老还乡。你还年轻，今后跟着几位大夫干活，一定要恭敬从事。"

士会辞官后，郤克顺理成章执政。所谓一朝权在手，便把令来行，郤克开始联络鲁国正卿季孙行父等，开始复仇计划。

从公元前 591 年开始，齐国进入多事之秋。这一年春天，晋景公和卫国的太子臧共同发兵进攻齐国，到达阳谷。后齐顷公与晋景公在缯地会盟，齐派公子到晋国作为人质。晋国罢兵。

这一年夏天，鲁宣公派使者到楚国请求出兵，进攻齐国。不料，楚庄王去世。鲁国转而利用晋军攻打齐国。

时光飞逝。公元前590年，鲁国新君鲁成公继位。为了防备齐国的侵略，鲁国推出了“丘甲制”，并和晋国结盟。齐国则和楚国结盟，对抗鲁晋。

公元前589年春天，一场酝酿已久的大战终于爆发了。齐顷公率先发难，进攻鲁国北部边境。几乎与此同时，卫穆公派遣孙良夫、石稷、宁相、向禽率兵入侵齐国，但在和齐军的遭遇战中大败。

侥幸逃脱的孙良夫在新筑安下营盘，派人好生看守，自己则亲赴晋国借兵。鲁国司寇臧宣叔也赶到了晋国，两人一同“投奔”郤克门下，请求出兵。在郤克的强烈要求下，晋景公答应派出八百乘战车（比城濮之战还多一百乘）进击齐军。

这场战争的发生地就在今天的山东济南。刀出鞘，弓上弦。一场外交“恶搞”经过不断发酵，终于让齐国站到了最危险边缘。

公元前590年六月，晋、鲁、卫三国联军在莘地遭遇齐军，成对垒之势。六月十七日，军队进驻靡笄山（多认为是历山，即今千佛山）下。虽然敌众我寡，但齐顷公毫无畏惧，派人下战书请求次日清晨作战，郤克当即应允。

齐将高固艺高人大胆，为了试探晋军作战能力并炫耀一下武力，高固出其不意闯入晋军大营，抓起一块石头砸倒一名驾车晋兵，不等晋军反应过来，即跳上战车，带着战俘返回齐国大营。

回到大营后，高固在战车后绑上一棵桑树，驾车在军营里“撒欢”，边跑边喊：“还有谁，想要勇敢点吗？来买我的勇气吧（余勇可贾）。”

围观者大笑。

六月十八日，敌对双方在鞌（今济南东北）地对垒。齐军方面由邴夏为齐顷公驾车，逢（逄）丑父为车右武士。晋方则由解张为郤克驾车，郑丘缓为车右。

面对强敌，齐顷公毫无惧意，号令三军说："咱们消灭了他们再吃早饭"战马没有披甲就冲向晋军。

一时间，人喊马嘶，箭如飞蝗。晋将郤克为流矢所伤，鲜血流到了鞋子上，但是仍旧击鼓督促晋军进发。后来，他实在支撑不住了说："我疼得喘不过气来了。"解张说："一定要坚持住。交战一开始，我就被箭射穿了手和胳膊，我把箭折断仍旧为您驾车。车的左轮都被染红了。"郑丘缓说："自从交战一开始，每逢遇到危险，我就下去推车，您哪里记得这些，当然您是受伤了。"

解张说："我军的耳目，就在我们的旗帜和鼓声上，前进和后退都要听从它。这车子哪怕还有一个人值守，也可以完成战事。本来我们披上铠甲、拿起武器时，就抱定了必死的决心。您现在伤得还没有到死的程度，还是尽力而为吧。"

于是，解张用左手拢着马缰绳，右手拿着鼓槌击鼓进军。战马急速飞奔不能停止，晋军尾随其后，奋勇追杀。齐国军队兵败如山倒， 绕着华不注山被追了三圈（三周华不注）。

"暗淡了刀光剑影，远去了鼓角铮鸣……湮没了黄尘古道，荒芜了烽火边城，岁月啊，你带不走那一个个熟悉的姓名……"

几千年以降，如今的华不注山已经被开辟为开放式公园，站在山顶极目远眺，远山近水，前尘往事扑面而来，不由得让人感慨万千。

射人先射马，擒贼先擒王。齐顷公大败而逃，晋将韩厥驾着战车紧追不舍。

作战前，韩厥梦见父亲子舆告诫说："明天作战时不要站在左右两边。"因此，韩厥作为应该站在左边的将领，特地站在中间了驾车前行。

齐将邴夏说："射那个驾车的，他是个君子。"齐顷公说："认为他是君子还射击他，这不合于礼。"于是，箭射车左，车左倒于车下；射车右，车右死在车中。此时，晋将綦毋张丢失了战车，跟上韩厥要求搭车。上车后，綦毋张准备站在车左、车右，都被韩厥用胳膊推开，让他躲在自己身后。

追击中，韩厥弯下腰，摆好车右武士的尸体。逢丑父和齐顷公趁机互换了位置。在车辆接近华泉时，齐顷公的骖马（两边的马）被树木挂住车子被迫停下，随即被晋军团团包围。

巧合的是，逢丑父相貌和齐顷公相似，当天穿的衣服也差不多，再加上他们提前互换了位置，晋人傻傻分不清，于是逢丑父借口渴了，让齐顷公去华泉取水喝，以便趁机逃走。但不一会，齐顷公竟然提水回来了。逢丑父心急如焚，借口泉水浑浊倒在一边，让齐顷公另取清水来。

此时，齐顷公的副车赶到，齐顷公趁机脱身。韩厥把假冒的齐顷公献给郤克，郤克见过齐顷公，一看是个冒牌货，顿时大怒，下令就地正法。逢丑父大叫说："大伙听着，从今往后就没有了代替国君受难的人了。现在就有一个，还要杀了吗？"郤克赦免了逢丑父。

需要一提的是，此次战役逢丑父是带伤上阵。原来几天前，他在车中休息，一条小蛇爬到了身边，逢丑父用手臂砸小蛇，造成手臂受伤，但是他没有声张，结果作战中，他不能用手臂推车前进，才最终被韩厥追上。

更需一提的是，侥幸脱难的齐顷公并没有一走了之，而是在晋军中三进三出，四处寻找逢丑父。每次出来的时候，齐国士兵都簇拥着护卫他。进入狄国（晋国盟军）军队中，狄军都抽出戈和盾保护他。进入卫国军队时，卫军也不加伤害。

此时，齐军接到探马报告，晋军分兵杀来，齐顷公无奈，从徐关带兵进入临淄。看到守军，齐顷公说：“你们要努力，咱们军队战败了（勉之，齐师败矣）”。

回都城的路上，一名女子挡住了去路，问道：“咱们国君没事吧？”“没事。”“锐司徒没事吧？”“也没事。”女子说：“国君和我父亲没事，我就放心了”，于是很开心地跑远了。

齐顷公觉得女子知礼，后经派人查询，得知她是辟司徒的妻子，赐给她石窌作为封地。

再说晋国军队，在鞌之战获胜后，马不停蹄，长驱直入，经丘舆攻入齐境，进攻马陉。齐侯派出宾媚人（国佐）以从纪国获得的甗、玉磬和归还此前侵占的鲁卫之地为条件讲和，并指示说：“这是底线。”

郤克得理不饶人，提出必须用齐顷公的母亲萧同叔子为人质，而且从此后齐国田垄全部东西走向。宾媚人严词拒绝，并拂袖而去。

郤克眼见齐国人绝不是嘴上强硬，而是真的有底线，再加上鲁卫两国一旁劝阻，郤克从“双赢”的角度，同意了齐国的方案。

经过这次战争失败和屈辱的讲和后，齐顷公惭愧万分，决定发愤图强，一雪前耻。于是他不仅废弛了宫苑享乐，而且亲自吊唁和探望死伤战士，并长达七年时间不喝酒不吃肉。与此同时，内政上，轻徭薄赋，救济贫困，百姓大悦。外交方面则厚结诸侯，声誉日隆。

后来，晋景公为了讨好齐国，竟然又命令鲁国和卫国把鞌之战后从齐国要回的土地还给了齐国，晋国声望由此大损。还有，一直到齐顷公去世，各诸侯国没有一个敢和齐国叫板的。

国学经典欣赏

师从齐师于莘。六月壬申，师至于靡笄之下。齐侯使请战，曰："子以君师，辱于敝邑，不腆敝赋，诘朝请见。"对曰："晋与鲁、卫，兄弟也，来告曰：'大国朝夕释憾于敝邑之地。'寡君不忍，使群臣请于大国，无令舆师淹于君地。能进不能退，君无所辱命。"齐侯曰："大夫之许，寡人之愿也；若其不许，亦将见也。"齐高固入晋师，桀石以投人，禽之而乘其车，系桑本焉，以徇齐垒，曰："欲勇者贾余余勇。"

——《左传·成公二年》

48

春秋美女夏姬的出奔与致祸

疲于奔命

公元前598年，楚庄王以夏徵舒杀害国君为由出兵占领陈国，在车裂了夏徵舒后，庄王打起了夏徵舒的老妈——夏姬的主意。

不料，这想法刚说出口，大夫申公巫臣忙不迭劝阻，并义正词严地说："这可不成。您召集诸侯来陈国是讨伐罪人的，要是娶了夏姬，就是贪恋美色了。贪恋美色叫淫，淫就会受到重罚。"

巫臣引经据典，侃侃而谈："《周书》说，明德慎罚，周文王因此建立周朝。明德，就是要宣扬道德，致力于崇尚它；慎罚，就是审慎惩罚，尽量不用它。您打着讨罪的旗号实际上贪恋美色，影响不好，您还是好好考虑下吧。"

楚文王见巫臣说得在理，且碍于自己身份，尽管十分不舍，也只好忍痛割爱。

见大哥让贤，早在一旁直流口水的庄王的弟弟子反连忙说要娶夏姬，结果又被巫臣拦住了。

巫臣一脸诚恳地说："您可不能娶她，这女的不吉利。您看啊，她未出嫁就使庶兄公子蛮早死，又克死了丈夫御叔，弑了灵侯，害了儿子夏南，使孔宁、仪行父逃亡在外，陈国因此被灭亡，您看看多可怕！人这一辈子实在不容易，如果娶了夏姬，恐怕不得好死！再说了，天下的漂亮女人多的是，为什么一定要娶她？我可是为您好。"

一番冠冕堂皇下来，子反不由得倒吸口冷气，尽管美色在前，也咬牙表态说"不约"了。

见子反也打了退堂鼓，巫臣欣喜若狂，正想说出自己的想法，忽听楚庄王说："这么漂亮的女人，留着也不是办法。对了，连尹襄老最近刚刚死了老婆，就给他当夫人吧。"

襄老抱得美人归，自是乐不可支。然而，或许夏姬真的"克夫"，两人成亲不足一年，晋楚邲之战爆发，襄老中箭身亡，连尸体也被晋人掠走。

噩耗传来，襄老的儿子黑要不仅没怎么伤心，反而趁机和夏姬暗通款曲。而此时，一直对夏姬朝思暮想的巫臣看到了机遇，派心腹偷偷告诉夏姬说："你回娘家去，我娶你。"然后又派人从郑国捎信给夏姬说："连尹襄老的尸体可以找到，但是你要亲自来取。"

夏姬知道这都是巫臣在搞鬼，就哭哭啼啼地来找楚庄王。庄王问巫臣，巫臣分析说，这很可信，因为晋国想通过郑国交换人质。

于是，楚庄王就答应夏姬回郑国。夏姬动身之前对送她的人说："得不到襄老的尸体，我就不回来了。"

就这样，夏姬顺利回到了郑国娘家。巫臣紧随其后秘密向郑襄公求婚要娶夏姬，襄公点头应允。

转眼到了公元前 589 年，也就是前文提到的齐晋鞌之战这一年，此时雄才大略的楚庄王已经去世，楚共王继位。

楚共王在令尹子重的主导下计划发动阳桥战役，策应齐国。于是派巫臣出使齐国，告诉齐国出兵日期。

巫臣心里简直乐开了花，连忙找来车辆把家里的财产尽数归整，打马扬鞭，犹如飞鸟出笼，一溜烟向齐国奔去。

半路上，巫臣遇到了跟着父亲来楚都郢出差的申叔跪，申叔跪见巫臣满面春风，就对父亲说："太奇怪了，这家伙本来是肩负军事重任的使者，但脸上全是桑中幽会的喜悦之色，恐怕是要带着别人的老婆私奔吧？"

事实正是如此。巫臣到了郑国，立刻打发副使带着礼物返回楚国复命，自己则急不可耐地娶了夏姬，准备逃亡到齐国定居。

半路上，齐国兵败鞌之战的消息传来，巫臣说："我不能住在不打胜仗的国家"。于是，一行人掉转马头，向晋国驰去。

来到晋国后，巫臣通过郤至的关系见到了晋景公，很快被晋国委任为大夫，赐邢地为采邑。

消息传到楚国，举国大哗。子反更是气得直跳脚，就向楚共王献计说，送给晋国重礼，让晋国代为惩罚这个"卖国贼"。共王没有答应。

还是那句老话，仇恨的种子一旦种下，早晚会发芽。

巫臣在晋国，鞭长莫及，于是，令尹子重和子反把巫臣的族人当作了报复对象。

几年前，楚宋之战中子重有功，请求楚庄王赐封一块土地，结果被巫臣搅黄，从此怀恨在心。

这次机会来临，子重于是和子反联手将巫臣的族人子阎、子荡、清尹弗忌三家以及连尹襄老的儿子黑要一家全部杀死，并分别瓜分了他们的家产。

消息传到晋国，巫臣肝胆俱裂。他写信给子重和子反说：“你们用谗言邪恶事奉君主，杀了这么多无辜之人，我一定会让你们疲于奔命而死。”

或许，子重和子反压根就没有把巫臣的信当回事，但令人万万没有想到的是，巫臣真的完成了这个看似“不可能完成的任务”。

巫臣的方法是三十六计之借刀杀人。在想到对策后，巫臣向晋景公提出访问吴国，让晋吴联手对付楚国，晋景公自然满口答应。

巫臣来到吴国，一番“改革发展”的宏论说下来，说得吴王寿梦心花怒放，当即表示要和晋国永结盟好。随后，巫臣带领三十辆兵车再次来到吴国，用其中的十五辆作教练车，用晋国中优秀射手和驾车人当教习，教吴国人使用兵车，教他们安排战阵，教他们脱离楚国的控制，自主发展。

为了表示诚意，巫臣还把自己的儿子狐庸留在吴国做使臣。

本来就野心勃勃立志干一番事业的吴王寿梦如虎添翼，开始挑战楚国，进而对楚国的小弟巢国、徐国等发起进攻，令尹子重一次次奉命驰援，苦不堪言。

狡猾的吴国人还搞起了偷袭。鲁成公七年，趁着楚王在马陵和齐国、鲁国等会盟，吴军趁机发兵攻占了州来，子重从郑国奉命赶去救援。

史载，从此，子重、子反真的过上了疲于奔命的日子，面对吴军的不断骚扰，两人曾经一年之中七次奉命奔驰抵御吴军。更为严重的是，从此，一度问鼎中原的强大楚国彻底走上了下坡路，以前臣服于楚国的蛮夷之地，渐渐被吴国全部蚕食占领。吴国开始越来越强大，开始和中原诸国称兄道弟。

这一切的间接导火索，就是那个据说很小就在梦中得到仙人传授“内视术”的冻龄美女夏姬。

国学经典欣赏

子反欲取夏姬，巫臣止之，遂取以行，子反亦怨之。及共王即位，子重、子反杀巫臣之族子阎、子荡及清尹弗忌及襄老之子黑要，而分其室。子重取子阎之室，使沈尹与王子罢分子荡之室，子反取黑要与清尹之室。巫臣自晋遗二子书，曰：“尔以谗慝贪婪事君，而多杀不辜。余必使尔罢于奔命以死。”

——《左传·成公七年》

49

晋国谋臣妻的远见

盗憎主人

《鞭长莫及》篇曾经提到晋国有一位重要谋臣——大夫伯宗。

伯宗的老家是宋国。他的祖父是宋襄公的弟弟公子遨。当年公子遨出使晋国完成任务后，留在了晋国，后娶妻生子，儿子改姓伯。

大夫伯宗很有才，但是心直口快，能言善辩，盛气凌人。他的妻子很担心，伯宗每次离家上班，都千叮咛万嘱咐说："盗贼憎恶主人（盗憎主人，比喻邪恶的人本能地憎恨好人），民众讨厌管理他们的人。一个社会，有喜欢好人的人，也一定有憎恶、妒忌好人的人。你喜欢直言不讳，必定会得罪坏人，小心灾祸落到你身上。"

但伯宗是一个很自负的人，也喜欢那种朝堂之上侃侃而谈、众人叹服的美妙感觉，尤其是多年来，他的很多意见建议被国君采纳，效果极佳，所以根本听不进妻子的话。

有一次，伯宗下班回家，满面春风。妻子问："看你脸上有欢喜之色，为什么呢？"

伯宗说："今天我在朝堂上发言，大夫们都说我知识渊博像阳处父呢。"

伯宗原本以为妻子也一定为他高兴，但是妻子却一脸忧色说："我听说长米的谷子不漂亮，至理名言不必修饰。阳处父这人华而不实，善于言辞但是没有谋略，所以遭到杀身之祸，有什么可高兴的呢？"

伯宗一听，觉得妻子的话不无道理，就说："我想请大夫们来咱家喝酒，你躲在一边听听我们的谈话。"妻子答应了。

人在心情放松的环境里容易现真性情，所以伯宗此举还是很高明的。这厢酒宴摆下，大夫们如约而来，把酒言欢、高谈阔论。伯宗的妻子则躲在一边，仔细聆听审视酒席宴间每一位大夫的言谈举止。

宴会结束后，众人告辞回家。一旁闪出伯宗妻子，她说："众位大夫的确不如你。但是当今社会，民众不喜欢很久了。一旦有什么变故，灾难一定会降临到你身上。我多次劝你悠着点，但是你脾性难改，我也不勉强你了。但是我们国家已处在动荡边缘，危险就在眼前。咱们没有那么多钱和人脉，你应该结交几个品行好有才能的大夫，关键时刻能保护咱们的儿子伯州犁。"

伯宗也是聪明人，国家到底是个什么样子，他心里也不是没数，于是就听从了妻子的劝告，开始有意识地结交一个叫毕羊的贤人。

公元前576年，该来的风暴还是来了。这一年，郤缺的后人三郤（郤錡、郤犨、郤至）联名上奏向晋厉公诬告并害死了伯宗。伯宗的儿子伯州犁在毕羊的帮助下逃亡到楚国，幸免于难。

国学经典欣赏

晋伯宗妻，晋大夫伯宗之妻也。伯宗贤，而好以直辩凌人。每朝，其妻常戒之曰：“盗憎主人，民爱其上。有爱好人者，必有憎妒人者。夫子好直言，枉者恶之，祸必及身矣。”

伯宗不听，朝而以喜色归。其妻曰：“子貌有喜色，何也？”伯宗曰：“吾言于朝，诸大夫皆谓我知似阳子。”妻曰：“实谷不华，至言不饰，今阳子华而不实，言而无谋，是以祸及其身，子何喜焉！”

——《列女传·晋伯宗妻》

50

晋楚鄢陵之战

甚嚣尘上

公元前 580 年，晋景公患病去世，他的儿子州蒲继位，是为晋厉公。

次年夏五月，在宋国上卿华元的调停下，晋楚两国在宋国西门之外缔结和平条约，缔约方还有晋国的盟友——郑国。但是郑国很快就撕毁了停战协定。

公元前 577 年八月，郑国的大臣公子罕攻打楚国的盟友——许国，结果吃了败仗。随后，郑成公亲自出马，攻入许都外城，许被迫割地求和。

公元 576 年三月，晋国和郑国、鲁国、齐国等七个国家在戚地结盟。

眼看晋国影响力越来越大，楚国坐不住了。公元前 575 年，楚共王带兵攻打“墙头草”郑国。楚军长驱直入占领了暴隧，随即又进攻卫国，达到首止（今河南省睢县东南）。郑国在抵抗楚军的同时，派出子罕攻打楚国，占领新石（今地址不详，一说在河南叶县境内）。此时的晋国则采取了坐山观虎斗的策略。

公元前575年春天，见郑国一时难以征服，楚共王采取了怀柔政策，从武城派公子成用汝阴的土田向郑国求和。郑国见利忘义，再次背叛晋国，郑楚结盟。与楚结盟后，郑国并没有消停，不久又派子罕率兵伐宋，打败宋军。卫国为了讨得晋国欢心，则派兵伐郑，占领鸣雁。

终于，晋厉公坐不住了，决定教训一下郑国，并派出郤犨向卫国和齐国借兵。郑国人一听，顿时如冷水浇头，慌忙派人向楚国求援。

看看地图就可以知道，郑国虽小，但军事和战略地位太重要了。两个“超级大国”的战争，不可避免。

公元前575年六月二十九日，月末之时，为“晦日”，当时有条约定俗成的规则“晦不行兵”，但楚国没有理会这茬，趁天色未明，就在逼近晋军大营的地方抢先布下阵势，一时间人欢马叫，早惊动了睡梦中的晋军。

晋军上下暗暗心惊，因为这样一来，他们已经不能像往常一样摆出阵列，陷入了被动挨打的局面。大伙正焦虑不已，士燮（范文子）的儿子范匄跑来献计说：“不用怕，请大帅下令牢牢守住营门，然后迅速填平井灶，咱们在军中摆开阵势，楚军的计谋就落空了。”

见范匄年纪轻轻就有如此智谋，栾书非常高兴，下令依计而行。但是范匄的老爸却气得胡子直翘，因为他自始至终不愿意两国交战。士燮抓起一只长戈，边追儿子边骂：“国家的存亡，都是天意，你孩子家家的知道什么？”众人见状连忙阻拦，范匄趁机逃脱。

楚共王直逼晋军大营摆下阵列，自以为出其不意，晋军必然惊慌大乱，但等了半天，对方却没有多少动静，于是登上楼车眺望晋军大营，身边站立的是咱们的老相识——晋大夫伯宗的儿子伯州犁，他逃难到楚国后，被任命为太宰。

所谓“知底就怕老乡”。以下是记载于《左传》的一段对话，从中可以看出春秋时期晋国的作战规程。

楚王：晋兵驰骋，或左或右，这是为何?

伯州犁：在召集军官。

楚王：这些人都聚集在中军了。

伯州犁：这是在一起商议。

楚王：帷幕张开了。

伯州犁：这是在先君的神位前虔诚地占卜。

楚王：帷幕撤除了。

伯州犁：将要发布命令了。

楚王：喧闹得厉害，尘土都起来了（甚嚣尘上）。

伯州犁：这是要填平井灶要摆开阵势了。

楚王：都登上战车了。将帅和车右都拿着武器下车了。

伯州犁：这是宣布号令。

楚王：他们要作战吗?

伯州犁：暂时还不知道。

楚王：晋军都上了战车，将帅和车右又下车了。

伯州犁：这是战前的祈祷。

除此之外，伯州犁把晋厉公亲兵的情况向楚共王一一报告。与此同时，从晋国逃难到楚国的斗越椒（见《狼子野心》篇）的儿子苗贲皇也站在晋厉公的旁边，把楚共王亲兵的情况向晋厉公报告。

战斗从早晨开始，黄昏时还未结束。双方互有伤亡，但楚国损失较重，毕竟公子茷被俘，楚共王被射瞎了一只眼。但战事一开，难以轻易收场，双方各自厉兵秣马，预备明日继续交战。

晋军方面动起小心思，故意放跑了几个楚军俘虏，把晋军方面的部署和作战意志告诉了楚王。晋人斗志旺盛，还有盟军赶来助战，楚共王很忧虑，就派人叫中军元帅子反商议进退之计。但此时，子反被手下送来的好酒所诱惑，一时把持不住，喝得酩酊大醉。楚共王叹息说："这是上天要我楚国失败啊，不能再等了。"连夜带兵逃走。

酒醒之后的子反自知其罪非轻，但是楚王却没有怪罪于他，反倒把罪过揽在了自己身上。但是令尹子重却趁机落井下石，怂恿子反自杀谢罪，楚王派人前来劝阻，人还没到，子反就自杀了。

其实，早在子反撕毁晋楚盟约之前，因年老致仕的申叔时就预言说，子反将遭到灾祸，因为他不守信用。

鄢陵之战，晋国大获全胜，全国上下一派欢欣鼓舞的喜人景象，但是范文子却忧心忡忡，从鄢陵回国后，就派人找来他的祝宗（古时主持祭祀和祈祷的人）祈求自己早点死去。

众人听说后惊惧不已，问他何以出此下策，范文子叹息说："咱们国君虽然年纪不大，但是骄横奢侈，这次又战胜了强大的楚国，更不知道天高地厚了。这是上天增加他的毛病，我们晋国就要出祸乱了。你们要是真的爱惜我，就狠狠诅咒我，让我快点死去，不要及于祸难，这也是范氏的福气。"

公元前574年六月初九，范文子病逝。

果不其然，从鄢陵回国不久，晋厉公就决定除掉全部的大夫们，而立自己的亲信做大夫。最先倒霉的是三郤（详见《盗憎主人》篇）。再后来，晋厉公被侥幸活下来的栾书等人杀死。十四岁的孙周继任晋国国君，是为晋悼公。

晋悼公年轻有为，知人善任，短短几年，晋国国力便获得了极大提升。

国学经典欣赏

六月，晋、楚遇于鄢陵……

甲午晦，楚晨压晋军而陈。军吏患之。范匄趋进，曰："塞井夷灶，陈于军中，而疏行首。晋、楚唯天所授，何患焉？"文子执戈逐之，曰："国之存亡，天也。童子何知焉？"……

楚子登巢车以望晋军，子重使大宰伯州犁侍于王后。王曰："骋而左右，何也？"曰："召军吏也。""皆聚于军中矣！"曰："合谋也。""张幕矣。"曰："虔卜于先君也。""彻幕矣！"曰："将发命也。""甚嚣，且尘上矣！"曰："将塞井夷灶而为行也。""皆乘矣，左右执兵而下矣！"曰："听誓也。""战乎？"曰："未可知也。""乘而左右皆下矣！"曰："战祷也。"伯州犁以公卒告王。苗贲皇在晋侯之侧，亦以王卒告。

——《左传·成公十六年》

51
晋国复霸诸侯
不辨菽麦

西周时期，在宗法制下已形成了嫡长子继承制，规则为：立嫡以长不以贤，立子以贵不以长。简单说来就是规则一：选继承人时，妻子所生的大儿子有最优先继承权，不看他是否贤能；规则二：如果没有嫡长子，妾中最尊贵者生的庶子享有最优先继承权，不再看他是否是长子。子以母贵，母以子贵。

晋厉公淫纵无子，栾书和中行偃在选取晋国接班人时想到了孙周。于是派大夫荀罃、士鲂到周京师迎立之。

这一天按照周朝的历法是公元前573年正月初五，当时孙周仅十四岁，还是个孩子，行二。

《礼记》云“夫礼，始于冠”“男子二十，冠而字”（举行成人礼，可以娶妻生子了）。

既然要在孙周兄弟们中选国君，按规矩第一人选应当是孙周的哥哥，但不巧或者凑巧的是此人是傻子，甚至分不清哪是豆子，哪是麦子，所以当不了国君（周子有兄而无慧，不能辨菽麦，故不可立）。

栾书和中行偃本以为，孙周一个毛孩子不过是一个提线木偶，哪知道一见面，孙周一番话下来，所有人都大吃一惊。原本信心满满的栾氏和中行氏更是暗暗心惊肉跳。

话说这天，众大夫在栾书和中行偃的带领下早早来到清原迎接孙周。简单的会见仪式结束后，孙周说："我从小长在京师，原本这辈子都没有想着回国，更别说当国君了。现在走到这一步，难道不是天意吗？一个国家需要国君，是因为需要他发布命令，但如果立了国君却不听从他的命令，还不如不立。众位大夫听我的命令在今天，不听也在今天，现在就由你们决定。但是我要多说一句，恭敬而听从国君，这是神灵所保佑的。"一番话下来，众大夫无不战栗下拜，纷纷表示："这是我们群臣的愿望，岂敢不唯命是听。"（群臣所愿也，敢不唯命是听）

随后，孙周和大夫们盟誓，十天后来到国都后，住在同宗的某官员家，后朝拜太庙，会见大臣，并当场驱逐了夷阳五等七位奸邪大臣及其家族。

二月初一，孙周继位，迅速推行了一系列行之有效的改革：

民生方面：赐舍财物并免除民众对国家的负债，抚恤和救济贫苦百姓。救援灾难、减征赋税，尽量不占用农时，让农民安心劳动。

用人方面：改革晋献公立下"不蓄公子"的国策，提拔公族，作为立国之本。重新任命百官，起用长期被压制在底层的好官员……各部门长官都根据其才能和禀赋安放在最适合的岗位上，而且都是深受民众赞誉的人。

军队方面：先后两次举行盛大阅兵式，并调整上军、中军、下军和新军将领。执政之初，只追究惩罚夷阳五和程滑的死罪，以儆效尤。仅仅半年后，地位最高的中军将领栾书因惊惧而死，彻底出局，被韩厥取而代之。

外交方面：礼遇诸侯，热情会见并以礼相待鲁国国君。救援宋国，抗击楚国。由此，晋国作为一个大国，受到各诸侯国的信赖和依附。

所谓“一山不容二虎”，晋悼公即位后，短短几年再次称霸中原，自然引起了楚国的强烈不满。于是，楚国频频出兵，攻打郑国、陈国、吴国。而陈国和郑国为了生存，不得不成了“墙头草”，朝晋暮楚。

为了让战略位置极为重要的郑国死心塌地归附晋国，荀罃向晋悼公进言采用“以逸待劳”之计，具体方式为：将原来的四军改为三军，将盟国亦分派搭配。三军轮流出动，敌退我进，敌进我退，以我一军，牵楚三军。还有一条，绝对不能与楚兵交战。

公元前570年（晋悼公四年），悼公在鸡丘（一说鸡泽）会盟诸侯，魏绛担任中军司马。悼公的亲弟弟杨干不听指挥，擅自将本部车卒自成一队，列于中军副将范匄之后。按照军规，当军法从事。但毕竟是国君的亲弟弟，魏绛为整肃军纪，将杨干的御者军前斩首。

杨干又羞又怕，跑到哥哥晋悼公处恶人先告状，说魏绛故意侮辱自己。晋悼公大怒，对羊舌赤说：“我正在会合诸侯，魏绛却侮辱我的弟弟，制造谣言破坏会谈局面，给晋国抹黑，快给我抓来，别让他跑了。”

羊舌赤说：“不用我去抓，魏绛会自己来的。”话音刚落，魏绛就到了，把陈情书交给仆人（官名，掌管传命），就要伏剑自杀。幸亏士鲂、张老眼疾手快，制止了他。

仆人把书信交给悼公，上面写道：“我诛责杨干，知道这是死罪。我也知道您正在会合诸侯。但军人以服从军令为武，军队有死无犯军纪为敬。君王会合诸侯，我敢不严格执行军纪吗？君王的军队不武，办事的人不敬，没有比这再大的罪过了（罪莫大焉）。如果您不高兴，我请求以死谢罪。”

悼公读完书信，没穿鞋（跣而出）就跑了出来，拉着魏绛的手说：“我的话，是兄弟之礼。你的诛责，是军旅大事。我有弟弟，却失于管教，让他违反军纪，这是我的罪过。”

回国后，晋悼公特地在太庙用宫食大夫之礼宴请魏绛，并提拔他为新军副将。同时，严厉斥责了杨干，命人押往公族大夫韩无忌处学礼三月，方许相见。

公元前570年，中军尉祁奚告老还乡，悼公问谁可以替代他，祁奚推荐了自己的仇人解狐。晋悼公很惊讶说：“解狐不是你的仇人吗？”祁奚说：“您是问谁可以代替我，不是问谁是我的仇人。”

可惜，解狐未及上任就病死了。悼公让祁奚再次推荐人选，祁奚推荐自己的儿子祁午。祁奚说，知子莫如父，我这个儿子是个好孩子，比我还优秀。

晋悼公于是委任祁午继任中军尉。悼公死后，他的儿子晋平公继位，一直到晋平公死，晋军军纪肃然，没有败坏之政。

这就是历史上有名的“外举不避仇，内举不避亲”的故事。

正是因为晋悼公知人善任、爱护民众，所以晋国的官员在升迁时不是互相告黑状甚至捅刀子，而是互相谦让，觉得自己能力不够的，虽然悼公再三任命，仍坚决拒绝，甘心当副手，让能者居之。

还有，悼公地位稳固后，没有“说尧舜之言，行桀纣之实”，甚至穷奢极欲，自我吹捧，而是继续关心民众疾苦，以魏绛为代表的公卿大臣们则把自家的财产全部借给百姓，用于生产生活。

《左传》记载：晋国没有不流通的财物，也没有贫困的百姓。国家不禁止民众发财致富，民众没了后顾之忧，所以极少有贪婪者。崇尚俭朴蔚然成风，祈祷时用财币代替了牺牲，招待宾客只用一种牲畜肉，不添置新的器物，车马服饰只要够用就行。国家法令畅通，声望日隆。各诸侯国不用花钱收买就纷纷归附，强大的楚国三次出兵扰晋都无功而返。

公元前558年十一月，晋悼公英年早逝，仅仅活了二十九岁，谥号曰“悼”。

终其一生，镇齐、慑秦、疲楚，九合诸侯，和睦戎狄，天下不能与之争。然而，随着他的离去，晋国部分官僚迅速腐化堕落，国家再次滑向了贫穷积弱的边缘，直至“三家分晋”，大国陨落。

国学经典欣赏

十八年春，王正月庚申，晋栾书、中行偃使程滑弑厉公，葬之于翼东门之外，以车一乘。使荀罃、士鲂逆周子于京师而立之，生十四年矣。大夫逆于清原。周子曰：“孤始愿不及此。虽及此，岂非天乎！抑人之求君，使出命也，立而不从，将安用君？二三子用我今日，否亦今日，共而从君，神之所福也。”对曰：“群臣之愿也，敢不唯命是听。”庚午，盟而入，馆于伯子同氏。辛巳，朝于武宫，逐不臣者七人。周子有兄而无慧，不能辨菽麦，故不可立。

——《左传·成公十八年》

52
郑国四处用兵的代价
众怒难犯

公元前563年六月，楚国的子囊、郑国的子耳带兵攻打宋国。卫国君出兵救宋，楚国于是命令郑国教训一下卫国。

消息传来，郑国君臣议论纷纷，莫衷一是。子展说："我的意见是要攻打卫国，不然就会得罪楚国。我们已经得罪了晋国，如果连楚国也得罪了，那就完了。"

执政大臣子驷很苦恼说："可是咱们国家已经很困难了。"

子展说："困难也比灭亡好。"众大夫一听纷纷点头，一致认为子展说得有理。于是，郑国派出郑皇耳领兵伐卫。

好端端地被别的国家当枪使侵略他国，士气肯定大受影响。而卫国人则同仇敌忾，一阵追杀下来，郑军大败而回，连主帅郑皇耳也做了俘虏。

但是郑人并没有汲取失败的教训。当年七月，又派子耳跟着楚国的子囊攻打鲁国西部边境。

在撤军回国的路上，楚郑联军又搂草打兔子，包围了萧国。当年八月，萧国被攻克。

当年九月，子耳再次出兵，侵略宋国北部边境。

小小的郑国竟成了战争贩子，各诸侯国看不下去了——扁他！于是，晋国、齐国、鲁国等十二个国家一起发兵，向郑国兴师问罪。山雨欲来风满楼，黑云压城城欲摧。一时间，郑国再次陷入亡国灭种的危急关头，然而却没有多少人同情。郑国的遭遇其实和小混混四处惹是生非犯了众怒一样，实在是欠收拾，没有其他。

本来这两年郑国攀上楚国，小日子过得还不错。但偏偏自我感觉过于良好，四处用兵，结果犯了众怒。这厢周边环境恶化，那厢压抑已久的国内矛盾也开始大爆发。

当时，郑国的权臣主要是执政子驷、司马子国、司空子耳以及司徒子孔，惹祸的是子驷。

话说子驷和郑国将领尉止不和，子驷公报私仇，在抵御诸侯联军时故意少给尉止兵车。尉止憋着一口气上了战场，结果胜利而归，还抓了不少俘虏。子驷眼热，想和尉止争功，就说“你的兵车太多，不符合礼制”。不让尉止献俘表功。除此之外，子驷还曾占用了司氏、堵氏等四个家族的大量土地，给自家田地修水渠，让四个家族恨之入骨。

所谓做事留一线，日后好见面。

子驷如此欺人太甚，尉止实在忍无可忍，于是秘密联合司氏、堵氏等四大家族，并纠集部分郁郁不得志的人，在当年十月戊辰日发动了叛乱。

当天早晨，当很多人还在睡梦中时，叛军突然发难，迅速攻入朝堂西宫，杀死了刚刚“上班”的执政子驷、司马子国、司空子耳，并劫持了国君郑简公。司徒子孔因为迟到，发觉苗头不对而侥幸逃过一劫。看来，偶尔迟到不一定是坏事呢。

由于事发实在突然，消息传出，很多人顿时乱了手脚。先说子驷的儿子子西接报后，没有安排人手看家护院就匆匆带人出了门，看到父亲惨遭杀戮，满腔悲愤的子西下令立即追击叛乱分子。听说叛贼已占据北宫负隅顽抗，子西掉头回家召集甲兵。然而，一进家门，子西彻底傻了。只见眼前一片狼藉，家臣和妾婢等早已四散奔逃，多年积蓄被扫荡一空。

再说子产闻听叛乱，在短暂的惊慌之后，立即下令紧闭院门，加强警戒，并关闭府库、档案库等重要地点，派人严密把守。随后，子产召集甲兵，出动战车十七辆，迅速展开平叛行动。在收集好父亲子国的尸骨后，子产下令对北宫展开猛烈攻击。

闻讯赶来的援军也加入进攻之列。最后，叛军头目尉止、子师卜和叛乱者全部被杀，其他叛军头领堵女父、侯晋等逃亡国外。

沧海横流，方显英雄本色。内乱平定后，侥幸逃生的司徒子孔顺理成章成了执政大臣。一朝权在手，便把令来行。子孔制作盟书，要求众位大夫“签约”，听他号令，但是众人不理这茬。子孔恼羞成怒，动了杀机。

子产劝他收手，并要求他立即烧掉盟书。子孔不答应说：“我制作盟书是为了安定国家。现在众人发怒就烧掉，那不是成了人人都说了算，还怎么治理国家？”

子产说：“众人的愤怒不可冒犯，专权的欲望难以成功。把两件难办的事合在一起来安定国家，这是危险之举。你烧掉盟书后，可以继续掌权，大伙也能心安，何乐不为呢？”

子孔沉吟良久，觉得子产虽然年轻，但是句句在理。于是命人在仓门外烧掉了盟书，国内局势于是渐渐安定了下来。

国内危机消除了，但国境线上的危机还在持续。此时，诸侯联军已经进驻虎牢，晋国军队则在梧地和制地驻扎。为了瓦解联军，郑国派人和晋国讲和。而此时，为了不失去郑国，楚国派子囊率兵救郑。诸侯联军为了避免与楚军交战，退居阳陵。

但是楚军没有退兵。晋军将领栾黡说："逃避楚军，这是晋国的耻辱。会合诸侯来增加耻辱，不如一死。"于是，栾黡带领本部兵马向前进发，和楚军隔颍水对峙。

郑国的子蟜看出了其中的端倪，他说："联军即将退兵，不会与楚军交战。他们退兵后，楚军就会围攻我们，我们不如和楚国结盟。"于是，郑军趁着夜色偷偷渡过颍水，再次和楚国结盟。

栾黡一听，郑国人这么不靠谱，想要教训郑国，荀罃劝阻说："我们打不了楚国，又不能庇护郑国，郑国能怎么办？如果你攻打郑国，楚军不会坐视不理，到时我们损兵折将，更被诸侯耻笑，还是退兵吧。"

当月丁未日，诸侯联军退兵，但空手而归又觉得太亏，于是一起动手侵掠了郑国的北部边境后，各自回家。楚国也退兵回国。经过这一番折腾，郑国终于消停了下来。

在此之前，鲁国大夫孟献子曾经预测说："郑国四处用兵，一定会有灾祸。周天子也承受不了四面出击（的耗费），何况小小的郑国？如果有灾难降临的话，会应在三位执政大臣身上吧？"

还真让他说着了。

国学经典欣赏

子孔当国，为载书，以位序，听政辟。大夫、诸司、门子弗顺，将诛之。子产止之，请为之焚书。子孔不可，曰："为书以定国，众怒而焚之，是众为政也，国不亦难乎？"子产曰："众怒难犯，专欲难成，合二难以安国，危之道也。不如焚书以安众，子得所欲，众亦得安，不亦可乎？专欲无成，犯众兴祸，子必从之。"乃焚书于仓门之外，众而后定。

——《左传·襄公十年》

53
晋国栾氏的灭族
优哉游哉

春秋“超级大国”晋国从立国之初就带有血腥因子，每隔几年就爆发一次血腥屠戮。

公元前552年，一场大规模的屠戮再次上演，而这仅仅是晋国又一豪门——栾氏灭门的序幕。

话说当年，晋国公族栾桓子（栾黡）娶了范宣子（祁姓，士氏，按封地又称范氏、谥号宣，又称士匄、范匄）的女儿栾祁（栾为夫家氏名，祁为本人的姓），生下栾怀子。两大豪门结亲，互为根本，本来是好事，但偏偏中途出了岔子，成了祸根。

时间回溯到公元前559年，晋国带领郑国等盟国攻打秦国。结果在泾水边驻扎时，秦人在上游倒入毒药，造成联军重大伤亡。而此时，晋军再次出现了将帅不和的现象，中军主帅要求“鸡鸣而驾，塞井夷灶，唯余马首是瞻”，结果很多人不听，各行其是，联军只好退兵。

这时，栾氏家族的栾鍼对范宣子之子范鞅说：“我们原本是来报上次栎之役之仇的，现在却无功而返，这是耻辱。”于是两人带领手下冲入秦军大营一阵厮杀，最后栾鍼战死，范鞅侥幸逃回。

栾家人不干了，对范宣子说，这都是你儿子怂恿栾鍼干的，结果栾鍼死了，你儿子却活着跑回来了，你不让他滚蛋，这事没完。范鞅为了活命，只好逃奔秦国。虽然说后来范鞅又重回晋国，但从此恨上了栾家，两大家族从亲家成了仇家。栾桓子死后，他的老婆栾祁不甘寂寞和大总管州宾私通。州宾趁机侵吞栾家财产，“几亡其室”。私欲焚身的栾祁怕儿子栾盈报复州宾，竟跑到娘家检举说栾家要谋反，她的弟弟范鞅也在一边帮腔。

一儿一女灌迷魂汤，不由得范宣子不信，再加上栾盈乐善好施，士人们都归附他，卧榻之旁，岂容他人酣睡，于是范宣子就设计驱逐了栾盈。这一年是公元前 552 年。

范宣子听信谗言，不仅将自己的外孙栾盈放逐，还杀死了栾盈的同党羊舌虎等人。羊舌虎的哥哥叔向（羊舌肸，字叔向）受到牵连，也被晋平公下令抓捕入狱。

狱友调侃叔向说：“哎哟，您这样的大人物怎么也进来了，是不是不够聪明啊？”叔向微微一笑说：“比起那些死去的和逃亡的人我还算幸运吧？《诗经》说‘优哉游哉，聊以卒岁’，这就是聪明啊。”

这里叔向把囚禁当度假，那边果真来了好消息。这天，一个叫乐王鲋的来见叔向，说要向国君求情放过他们。叔向没有答应，乐王鲋告辞要走，叔向也没有拜送。大伙都责备叔向。叔向说：“能救我的人，有，但不是他，而一定是老大夫祁奚。”

室老（家族大总管）很奇怪说：“乐王鲋可是国君身边的红人，国君对他言听计从。他主动请求帮你说情，你却不答应，这就太奇怪了。”叔向说："乐王鲋是看着国君脸色说话的人，所以他不行。但是祁老大夫不一样，他外举不避仇，内举不失亲，一定不会丢下我不管。大伙就等好消息吧。"

果不其然，乐王鲋口口声声要救叔向，但是当晋平公问叔向是不是有罪时，他怨恨叔向对自己冷淡，就落井下石说："叔向不丢弃他的亲人，应该是同谋之人。"

好在危急时刻，来了救星。退休在家的祁奚老大夫听说后，命家人备上快车急急进了晋都绛城，径直来见范宣子。

范宣子听说祁奚来访，慌忙迎接出来。祁奚也没有客套，开门见山地说："贤人，是社稷的护卫。咱们晋国要说谋划少又很少出错、教育别人又不知疲倦的，非叔向莫属。他是国家的柱石，连他的十代子孙犯错都应该赦免，以此鼓励有才能的人报效国家，何况是他本人呢？为什么叔向因为叔虎的连累就要被杀？你多杀人又有什么好处呢？"

范宣子一听，连连点头，和祁奚同车进宫朝见晋平公，请求赦免叔向。祁奚不见叔向就回了家，叔向也没有感谢祁奚的救命之恩就朝见晋平公。因为二人心意相通，都是为了国家大计，不为个人私情。

国学经典欣赏

秋，栾盈出奔楚。宣子杀箕遗、黄渊、嘉父、司空靖、邴豫、董叔、邴师、申书、羊舌虎、叔罴。囚伯华、叔向、籍偃。人谓叔向曰："子离于罪，其为不知乎？"叔向曰："与其死亡若何？"《诗》曰：'优哉游哉，聊以卒岁。'知也。"

……于是祁奚老矣，闻之，乘驲而见宣子，曰："《诗》曰：'惠我无疆，子孙保之。’《书》曰：‘圣有谟勋，明征定保。’夫谋而鲜过、惠训不倦者，叔向有焉，社稷之固也。犹将十世宥之，以劝能者。今壹不免其身，以弃社稷，不亦惑乎？鲧殛而禹兴；伊尹放大甲而相之，卒无怨色；管、蔡为戮，周公佑王。若之何其以虎也弃社稷？子为善，谁敢不勉？多杀何为？”宣子说，与之乘，以言诸公而免之。不见叔向而归。叔向亦不告免焉而朝。

——《左传·襄公二十一年》

54

鲁国大夫总是得罪人

祸福无门，惟人自召

公元前550年，鲁国正卿季武子（季文子之子，公孙宿）没有嫡长子，需要在庶子之中挑选一人。人选有两个，年龄大点的弥（公鉏）和小儿子纥（悼子）。季武子喜欢悼子，想立他为嫡，于是找到大夫申丰商量说："弥和纥我都喜欢，打算选择一个有才能的当继承人。"没想到申丰一言不发，匆匆离去，回家后就翻箱倒柜，说赶快搬家。多亏家人苦苦劝他别发"羊角风"，这才罢休。

季武子不死心，过了几天又去找申丰商量。申丰说："你再这样，我套上车就走。"季武子无奈，告辞而去，又找到大夫臧纥讨主意。臧纥说："没问题，但是你得请客。"

这多大点事！季武子于是邀请众位大夫来家喝酒，让臧纥坐主宾。宾主之间相互敬酒后，臧纥命令朝北铺上两层席子，换上洗净的酒杯，叫人请来悼子，臧纥亲自降阶相迎。大夫们见状也纷纷起身，等到纥作为"副陪"与来宾互相敬酒酬答之后，臧纥才让人唤来了公鉏，让他和客人们按年龄大小就座。

臧纥的意思很明白，建议立悼子为嫡，但事发突然，且在公众场合尊小抑大，季武子变了脸色（季孙失色）。

尽管如此，季武子还是接受了臧纥的建议，立悼子为继承人，而让公鉏为马正，公鉏觉得丢人不想做。闵子马听说后，找到公鉏说："你可不能这样。祸和福来临时没有规律，都是人自己招来的。当儿子的，只怕不孝，不怕没有地位。你好好地听父亲的话，说不定有好的转机。"

公鉏一听，豁然开朗。从此后，每天早晚都向父亲问安，父亲吩咐的事也谨慎小心地完成。季武子很高兴，就说要到公鉏家喝酒，于是带着大量精美贵重的酒具来到公鉏家，酒后全部留给了公鉏，公鉏由此致富。后来，公鉏又被推荐做了鲁襄公的左宰。

话说臧纥在酒席宴前尊小抑大，让公鉏心怀怨恨，念念不忘报复臧纥。

念念不忘，必有回响。孟庄子也有两个儿子——弟弟羯，哥哥孺子秩。孟庄子的车马官丰点喜欢羯，就再三撺掇羯争当继承人，羯答应了。

此时，孟庄子已一病不起。根据《左传》的记载，"孟庄子疾"，于是丰点就找公鉏商量让季武子做主立羯为嫡。羯最后成为孟氏宗主。

听说自己的老对头孟庄子挂了，前来吊唁的臧纥放声大哭，泪如雨下。他的御者觉得奇怪，问道："孟庄子讨厌您，而您悲哀成这个样子。季武子喜欢您，如果他死了，你会哭成啥样？"

臧纥说："季武子喜欢我，这是没有痛苦的疾病。孟庄子讨厌我，却是治病的药石。药石能让我活下去，疾病则会造成毒害。孟庄子死了，我也快了。"

果不其然，这里臧纥抹着眼泪前脚离开，孟氏就关起大门对季武子说："臧纥要发动变乱，不让我家安葬老主人。"季武子不信。但消息很快传到了臧纥耳朵里，于是他就开始戒备，以防不测。

孟氏见无机可乘，就在当年十月为孟庄子开挖墓道，并向臧纥家借用人手。臧纥让正夫带人去帮忙，自己还带着甲士去视察工程进度。孟氏把这一消息告诉了季武子。季武子很生气，下令进攻臧纥。臧纥一听，脚底抹油，砍断鹿门的门栓逃到了邾国。

臧纥跑了，但是整个家族还在鲁国，不能没有继承人，于是他就派人找到住在铸国的同父异母的哥哥臧贾，并送去一个大龟作礼物，让臧贾回到鲁国做臧氏宗主。同时派人告诉季武子说，自己没有过错，只是不够聪明，希望另立宗主，继续祭祀祖先，他愿意献出属于自家的封地。季武子答应了。臧贾派弟弟臧为代替自己到鲁国跑腿，结果臧为趁机请求让自己当继承人。

季武子打算为臧氏盟誓，就召来掌管恶臣（逃亡在外的臣子）的外史写盟词，想来想去，臧纥似乎也没有什么过错，最后有个叫孟椒的人说："就写不要像臧孙纥那样，违反国家法纪，跑到城门砍断门栓吧。"季武子欣然采纳。

有意思的是，臧纥来到齐国后，齐庄公对他很是赏识，并打算封给他土地。臧纥听说后，特地前来致谢。谈话间，齐庄公说起自己这次进攻晋国的故事。臧纥说："功劳大是大，可是君王您却像老鼠。老鼠昼伏夜出，不在宗庙里打洞，是因为害怕人。现在您听说晋国有动乱就去攻打人家，一旦安定了又去巴结人家，不是老鼠是什么？"齐庄公一听，这话怎么这样扫兴，还赐什么土地。

对此，孔子评价说："臧纥是个聪明人，却不容于鲁国，看来不是没有缘由，这是因为他的所作所为不顺事理不合恕道啊。"

这也正应了今天所说的成语“祸福无门，惟人自召”。臧纥的遭遇和他为人处世不大着调很有关系。

国学经典欣赏

季氏以公鉏为马正，愠而不出。闵子马见之，曰：“子无然！祸福无门，唯人所召。为人子者，患不孝，不患无所。敬共父命，何常之有？若能孝敬，富倍季氏可也。奸回不轨，祸倍下民可也。”公鉏然之。敬共朝夕，恪居官次。季孙喜，使饮己酒，而以具往，尽舍旃。故公鉏氏富，又出为公左宰。

——《左传·襄公二十三年》

55

虽楚有材，晋实用之

楚材晋用

伍参原本是楚国一个地位很低的人，因为在晋楚之战中立功被提拔为大夫。他是大名鼎鼎的伍子胥的曾祖父。

伍参的儿子伍举（椒举）和蔡国大夫声子关系很铁。伍举的岳父王子牟因罪逃亡，楚康王认为伍举放走了他。伍举听说后，吓得逃到了郑国，并计划远逃晋国。

恰巧蔡声子出使晋国路过郑国，两人在郑国郊外相遇。伍举诉说了自己的遭遇，并说一心想回到楚国，那里毕竟有自己的家。声子说："你先到晋国去暂避一时，我一定会帮你回国。"伍参一听，连连跪谢，并送给声子四匹马作为酬谢。

不久，宋国大夫向戌调停晋楚两国签订和平条约，蔡声子就来到了楚国。

楚国令尹子木特地接见了声子，会见中，子木问声子："晋国的大夫和楚国的大夫谁更贤明？"

声子等的就是这话，于是回答说：“晋国的卿不如楚国，但是晋国的大夫却很贤明，都是卿才。我还注意到一个现象，晋国那里有很多从楚国跑去的人才，都受到了重用。”

子木说：“难道晋国没有同族和姻亲的人才可用吗？”

声子说：“有啊。可是不同的人才作用不同。咱们楚国有大量人才，但是这些年来因为喜欢滥用刑罚，很多人才纷纷出逃，当了别国的谋士。由于这些人非常了解楚国的内幕和风土人情，所以一旦出谋划策对付楚国，危害非常大，都快到了不可救药的地步啦。”

楚庄王时，有人说析公的坏话，庄王不辨是非，析公被迫逃亡晋国。结果在绕角之战中，析公站在晋侯战车后面当谋士。原本晋军要偷偷逃走的，但是析公说：“楚军轻佻，容易受震荡。如果把很多大鼓一起敲打起来，同时发起强大攻势，楚军一定溃败。”这一计策被晋君采纳，楚军果然溃败而逃。晋军则趁机攻蔡国、沈国，俘虏了沈国国君。随后又在桑隧打败了申息联军，郑国也吓得背叛了楚国。由此楚国丢失了中原，这是析公干出来的。

当初楚恭王听信谗言，雍子被迫逃到晋国。彭城之战中，晋国想要逃跑，被雍子制止并发布命令说，年老的和年纪小的回家、孤儿和病号回家，兄弟两个服役的回去一个，剩下的厉兵秣马，烧毁帐篷，与楚军决一死战。他们还故意放走楚军俘虏让他们回去报信，结果楚军溃散，楚国失去了东夷之地。

若敖氏之乱中，斗伯棼的儿子贲皇逃到晋国，晋人封给他苗地，让他当主要谋士。鄢陵之战中，楚军提前摆下阵势，晋军原本要逃跑，结果苗贲皇为晋人出谋划策，大败楚军，楚王受伤，公子反自杀。郑国再次背叛，吴国兴起，楚国失去诸侯拥护，这是失去了贲皇的结果。

桩桩件件，一番话说下，子木连连点头。声子趁热打铁说：“现在又有更严重的人才流失情况摆在您眼前，可是您还没有意识到啊。”

子木很吃惊，声子说：“伍举娶申公子牟的女儿为妻，子牟获罪逃跑，结果伍举被认定是同案犯而被迫逃亡。他曾经一度徘徊在郑国，伸长脖子望着南方，日思夜盼重新回国。而今他流亡到晋国，晋国人正打算重用他，有朝一日他如果出手对付楚国，不是很可怕吗？”

子木一听，如冷水浇头，于是央求声子居中协调，并派出伍举的儿子椒鸣迎伍举回到楚国，让伍举官复原职。

国学经典欣赏

椒举娶于申公子牟，子牟有罪而亡，康王以为椒举遣之，椒举奔郑，将遂奔晋。蔡声子将如晋，遇之于郑，飨之以璧侑，曰：“子尚良食，二先子其皆相子，尚能事晋君以为诸侯主。”辞曰：“非所愿也。若得归骨于楚，死且不朽。”声子曰：“子尚良食，吾归子。”椒举降三拜，纳其乘马，声子受之。

还见令尹子木，子木与之语，曰：“子虽兄弟于晋，然蔡吾甥也，二国孰贤？”对曰：“晋卿不若楚，其大夫则贤，其大夫皆卿材也。若杞梓、皮革焉，楚实遗之，虽楚有材，不能用也。”……

“今椒举娶于子牟，子牟得罪而亡，执政弗是，谓椒举曰：‘女实遣之。’彼惧而奔郑，缅然引领南望，曰：‘庶几赦吾罪。’又不图也，乃遂奔晋，晋人又用之矣。彼若谋楚，其亦必有丰败也哉。”

子木愀然，曰：“夫子何如，召之其来乎？”对曰：“亡人得生，又何不来为。”子木曰：“不来，则若之何？”对曰：“夫子不居矣，春秋相事，以还轸于诸侯。若资东阳之盗使杀之，其可乎？不然，不来矣。”子木曰：“不可。我为楚卿，而赂盗以贼一夫于晋，非义也。子为我召之，吾倍其室。”乃使椒鸣召其父而复之。

——《国语·楚语上》

56

春秋时期最具风范的君子

叹为观止

季札（前576年—前484年）是春秋时期吴国人，吴王寿梦的四儿子，是当时著名的大预言家、艺术评论家、外交家，还是礼仪和诚信的代表性人物。

话说公元前544年，季札奉命出使鲁国，提出想欣赏周王赐给鲁国的天子之乐。

鲁国乐工为其演唱《周南》《召南》，季札说："美啊，可以听出王朝基业已经打好，但还没有最后成功，人们虽然辛劳却没有怨言。"

乐工又演唱《邶风》《鄘风》《卫风》，季札感叹说："美啊，深沉啊。忧虑但不困惑，我听说卫康公、卫武公的德行就是如此，这是《卫风》吧"。

乐工演唱《王风》，季札说："美啊，思虑但不恐惧，大概是周王室东迁以后的音乐吧？"

乐工演唱《郑风》，季札说："美啊，但是太细碎了，百姓无法忍受了，大概它最先灭亡吧？”

乐工演唱《齐风》，季札说：“美啊，宏大深远，有大国之风，作为东海的表率，应该是姜太公的国家吧，前途不可限量。”

乐工演唱《陈风》，季札说：“国家没有主人，难道能长久吗？”

乐工继续为他演唱，但从《郐风》起，季札没有再作评论。

后来，乐工为他演唱《大雅》《小雅》，季札一一点评。

最后，乐工演唱《颂》，季札由衷地感叹说：“达到音乐的极致了……”

《风》《雅》《颂》演唱完毕，“舞剧”登场。看到《象箾》《南籥》之舞，季札说：“很美啊，但仍有微憾。”看到舞《大武》，说：“很美啊，周朝的盛德就如此吧？”

最后，季札看到舞《招箾》，情不自禁地赞叹说：“美德的巅峰啊，太伟大了，就像上天覆盖万物，就像大地无不承载，再美好的德行，也不会比这乐舞所象征的舜的美德更高了。观赏可以停止了，如还有别的歌舞，我不敢再欣赏了。”

这就是著名成语“叹为观止”的由来。而最令人叹为观止的，当属季札高超的艺术修养和卓绝的艺术领悟能力。

两千多年后的清康熙年间，出了一本非常著名的散文集——《古文观止》，其中就完整收录了这一章节，连书名都根源于此。

所谓腹有诗书气自华。季札出访有衣冠上国、礼仪之邦美誉的中原邦国，首次外交秀就以非凡的才气和风度，赢得了鲁国人由衷的尊重。

除了精通礼仪与音律等艺术素养，在与各诸侯国领导人和重臣会见中，季札还表现出了惊人的预见力，而且他的“预言”一一应验，其精准程度令人震惊。司马迁称赞他“见微而知清浊”，可谓精到。

叔孙穆子（叔孙豹）是鲁国三大家族（三桓）之一叔孙氏的家主，也是鲁国三卿之一。但季札担心，叔孙穆子晚年会因为重用恶人而不幸惨死。

公元前538年，叔孙穆子的哥哥叔孙侨如想借鲁成公之母穆姜的势力驱除季氏、孟氏，未能成功，哥俩不得已先后逃亡齐国。在逃亡路上，叔孙穆子在庚宗（今山东泗水东南）同一个寡妇私通，生下一子，取名叫“牛”。

叔孙穆子回到鲁国后，女人领着“牛”来找穆子。穆子一见，竟然是自己曾经梦见的孩子，于是留在身边，让“牛”当了家族的管家（竖）。但是穆子做梦也没有想到，竖牛在穆子生病期间，先后设计除掉了两个同父异母的弟弟孟丙和仲壬，又拒绝给穆子看病，甚至不给他吃的。最后，穆子在饥渴交加和疾病折磨中凄惨而死。

这就是春秋史上有名“庚宗之祸”。

季札离开鲁国，来到齐国，见到了大名鼎鼎的晏子晏平仲。季札很喜欢晏子，就劝告说：“齐国的政权将要易手，您应该赶快交出权力和封邑，这样才可以免除即将到来的祸患。”

公元前532年，齐国四大家族（栾、高、陈、鲍）发生内讧，相互攻杀，经过十六年的内乱，齐国政局才终于平静。晏子因为听从季札的劝告，提前通过陈桓子交出了封邑和职权，因此幸免于难。

季札来到郑国，与子产一见如故。季札赠送子产白绢大带，子产回馈麻布衣服。临别之际，季札语重心长地对子产说：“你们国君太奢侈了，在位不会久长。届时，郑国的大权一定会落到您手中，希望您要谨慎地运用礼法处理国政，否则，国家一定会败亡。”

公元前543年，子产执政。他厉行政革、择能而使、崇俭养民，为郑国的发展和强大立下了汗马功劳。人们最耳熟能详的大概是子产不毁乡校的故事。两千年以降，子产为政以宽、广开言路的品行仍像一股清流，引发人们的无限神往。

季札来到卫国，与蘧瑗、史狗、史鳅，公子荆、公叔发、公子朝等卫国大臣们很是投缘，季札说："卫国有很多贤能的君子，一定可以免于祸患。"

尽管卫国很弱小，也曾经多次发生过内乱甚至灭顶之灾，但在历经了春秋战国几百年风风雨雨后，连一些曾经不可一世的诸侯强国都烟消云散了，卫国仍顽强生存着，成了存留时间最长的诸侯国之一，立国时间有八九百年，传四十君。

最厉害的是，即使在秦国统一天下之后，卫国仍然存在，直到秦二世时才灭亡。究其原因，或许就是季札所说的卫国多贤才吧。

季札来到晋国，又与赵文子、韩宣子、魏献子相见甚欢，并预言说："晋国的政权大约要聚集在这三家了。"

见到叔向后，两人也很投缘。临别之际，两人依依不舍。季札说："老朋友，你要好好努力啊。你们国君很奢侈，优秀的臣子很多，大夫也都很富有，下一步，政权将归几位大夫所有。你喜欢说话直来直去，一定要好好考虑下后路，使自己能免于灾祸。"后来真如他所言，公元前514年，叔向（羊舍肸）以"助乱"的罪名被灭族。公元前403年，周威烈王封赵、魏、韩三家为诸侯。北宋司马光的编年体史书《资治通鉴》开篇云："周威烈王二十三年，初命晋大夫魏斯、赵籍、韩虔为诸侯……"公元前376年，韩、赵、魏废晋静公，并将晋公室残存的土地全部瓜分。由此，曾经屡屡称霸中原的春秋时代的超级大国——晋国成为历史。

三家分晋是中国历史上具有划时代意义的重大事件，被史学界公认为春秋战国的分水岭。

国学经典欣赏

吴公子札来聘……请观于周乐。使工为之歌《周南》《召南》，曰："美哉！始基之矣，犹未也。然勤而不怨矣。"为之歌《邶》《鄘》《卫》，曰："美哉，渊乎！忧而不困者也。吾闻卫康叔、武公之德如是，是其《卫风》乎？"为之歌《王》，曰："美哉！思而不惧，其周之东乎？"为之歌《郑》，曰："美哉！其细已甚，民弗堪也，是其先亡乎！"为之歌《齐》，曰："美哉，泱泱乎！大风也哉！表东海者，其大公乎！国未可量也。"为之歌《豳》，曰："美哉，荡乎！乐而不淫，其周公之东乎！"

……

见舞《象箾》《南籥》者，曰："美哉！犹有憾。"见舞《大武》者，曰："美哉！周之盛也，其若此乎！"见舞《韶濩》者，曰："圣人之弘也，而犹有惭德，圣人之难也。"见舞《大夏》者，曰："美哉！勤而不德，非禹，其谁能修之？"见舞《韶箾》者，曰："德至矣哉，大矣！如天之无不帱也，如地之无不载也。虽甚盛德，其蔑以加于此矣。观止矣！若有他乐，吾不敢请已。"

——《左传·襄公二十九年》

郑人游于乡校，以论执政。然明谓子产曰："毁乡校何如？"子产曰："何为？夫人朝夕退而游焉，以议执政之善否。其所善者，吾则行之；其所恶者，吾则改之，是吾师也，若之何毁之？我闻忠善以损怨，不闻作威以防怨。岂不遽止？然犹防川，大决所犯，伤人必多，吾不克救也。不如小决使道，不如吾闻而药之也。”然明曰：“蔑也今而后知吾子之信可事也。小人实不才，若果行此，其郑国实赖之，岂唯二三臣？”仲尼闻是语也，曰：“以是观之，人谓子产不仁，吾不信也。”

——《左传·襄公三十一年》

57
郑国与楚国的联姻
包藏祸心

公元前 542 年春天，晋国和楚国决定在虢地会盟。

楚王熊麇派出令尹公子围参加会盟，以伍举为副使。公子围提出先到郑国聘问，并迎娶公孙段氏的女儿为妻。

临行前，公子围“忽悠”楚王熊麇说：“楚国已经称王，在诸侯之上。我作为使臣应该用诸侯之礼，使列国知道楚国的尊贵。”楚王答应了，于是公子围僭用国君的仪仗等，一路招摇而来。

公子围是楚国一人之下万人之上的令尹，而楚国在各诸侯国中实力最强，公子围因此成为当时“最有权力的人之一”。

能和“超级大国”楚国的令尹结亲，郑国自是求之不得。但是看到随行的伍举（伍子胥的父亲）后，很多郑国人心里直犯嘀咕，觉得这家伙不地道（伍举为介，将入馆，郑人恶之）。于是，就在伍举等人喜气洋洋即将走进客栈时，郑国派出子羽拦住了他们，让他们在城外驻扎。

聘礼举行完毕，楚人提出，为了表示对婚姻的高度重视，楚方希望让军队进城迎娶新娘。

执政大臣子产一听，本能地察觉出里面暗藏的凶险。于是派子羽回绝说："我们这小城又破又小，容不下您的这么多随从。我们请求在城外平整个祭祀的地方，再听从您的安排。"

公子围命太宰伯州犁（晋国大夫伯宗的儿子）回答说："这样不合适。贵国国君恩赐婚姻，我们公子特地在先王神庙中隆重祭祀后，才前来迎娶新娘。你们让我们在野外举行仪式，这相当于把贵国恩赐丢进了草里，这好说不好听，我们没有办法回去复命。"

子羽一听，心里明白了八九分，也就不藏着掖着了，说："小国没有罪过，依靠大国但不做防备就是罪过。我们小国依靠大国图个安定，但是大国恐怕是包藏祸心打小国的主意吧，这样诸侯们会怎么看？"

伍举一看，自己的阴谋败露，而且郑国也有了防备。于是赶紧找台阶下，说楚国和郑国从老一辈就结下了深厚的友谊，哪有什么包藏祸心……

于是，楚人提出倒转弓袋子进入郑国国都，郑人答应了。一场潜在的灭国之灾化解于无形。郑人擦擦脸上的冷汗，长舒了口气。

公子围是楚共王的庶子，在兄弟们中年龄最大，但为人桀骜不驯，耻居人下，常有不臣之心。公元前 541 年，他的侄子楚王郏敖卧病不起，他借口进宫探病，屏退嫔侍，用束冠的长带子将郏敖活活勒死。郏敖的两个儿子前来救驾，亦为公子围所杀。随后，公子围在伍举等人的拥护下即楚君位，改名熊虔，后自立为王。死后得谥号"灵"，史称楚灵王。

国学经典欣赏

元年春，楚公子围聘于郑，且取于公孙段氏，伍举为介。将入馆，郑人恶之，使行人子羽与之言，乃馆于外。既聘，将以众逆。子产患之，使子羽辞，曰：“以敝邑褊小，不足以容从者，请墠听命！”令尹命大宰伯州犁对曰：“君辱贶寡大夫围，谓围将使丰氏抚有而室。围布几筵，告于庄、共之庙而来。若野赐之，是委君贶于草莽也。是寡大夫不得列于诸卿也。不宁唯是，又使围蒙其先君，将不得为寡君老，其蔑以复矣。唯大夫图之。”子羽曰：“小国无罪，恃实其罪。将恃大国之安靖己，而无乃包藏祸心以图之。小国失恃，而惩诸侯，使莫不憾者，距违君命，而有所壅塞不行是惧。不然，敝邑，馆人之属也，其敢爱丰氏之祧？”伍举知其有备也，请垂櫜而入。许之。

——《左传·昭公元年》

58
谥号为“灵”的楚王
尾大不掉

公元前 534 年，在位三十五年、长期带病坚持工作的陈国国君妫弱一病不起（哀公有废疾）。司徒招和公子过发动兵变，杀了太子偃师立公子留为国君，陈哀公在绝望和悔恨中自缢身亡，谥号“哀”。

公子胜跑到楚国，向灵王哭诉了陈国发生的一切。楚灵王大怒，当即命人杀死陈国使臣，派公子弃疾带兵伐陈。公子留狼狈逃奔郑国，陈国再次亡于楚国之手。直到五年后，楚公子弃疾即楚平王继位，为了邀买人心，平王命陈复国，立陈国故太子偃师的儿子吴为君。

再说蔡国，楚蔡本来是友好邻邦。为了巩固传统友谊，公元前 543 年，时任国君蔡景侯甚至专门为儿子蔡般从楚国讨了个媳妇。不料儿媳刚娶到家，景侯就惦记上了，两人很快明来暗往。蔡般盛怒之下，将父亲与媳妇一起斩杀，自己提前做了接班人，是为蔡灵侯。

蔡灵侯继位十二年，楚灵王在申地热情召见。老大召见，而且说要在一起喝杯酒叙叙旧，蔡灵侯欣然前往，结果被楚王以谋害国君的罪名杀掉，连蔡国也被灵王派公子弃疾带兵包围了。

当年秋天，晋国联合鲁国、齐国等出动联军救援蔡国，并派出大夫狐父出使楚国，希望楚国罢兵，放过蔡国，被一口回绝。

当年冬十一月，援军无望、抵抗无力的蔡国被攻破，太子蔡友被灵王当祭品供奉了山神。

灵王灭掉陈蔡两国后，为了威服诸侯，预防进犯，下令在陈、蔡、不羹等地修造高大坚固的城墙，并任命弟弟弃疾做蔡公。

楚灵王也有些不放心，就问大夫申无宇："弃疾在蔡地怎么样？"

申无宇说："择子莫如父，择臣莫如君。我听说亲近的人不在外边，寄居的人不在里边。现在弃疾在外边，从郑国逃难而来的郑丹在里边，您恐怕要当心点。"

楚灵王说："咱们国都有高大的城墙啊（国有大城）。"

申无宇说："从郑国、齐国等的例子看，国有大城反倒有害。树梢太大，树木就会折断；尾巴太大，就难以掉转身子。这是君王您明白的道理啊。"

是的，这些楚灵王都明白，但是时间和运气已经不在他这一边。所以，等待他的只有死亡。

楚灵王在四处征伐，威服诸侯之后，野心日益膨胀，已经不满足于楚、周并立，而希望一家独大，再次问鼎中原。

公元前530年，灵王派遣重兵攻打徐国以威胁吴国。他本人则在州来阅兵后，驻扎在乾谿，作为后援。此时天寒地冻，大雪纷飞，三军将士远离故乡、顶风冒雪、饥餐渴饮、苦不堪言。而楚灵王则戴着皮帽子，身穿从秦国进口的羽衣，披着翠羽披肩，脚蹬豹皮鞋在大帐中御寒。

其间，子革等人多次劝他体谅将士辛苦，罢兵回国，并用先君的事迹和历史的教训讽谏他珍惜民力，不要有醉饱之心。楚灵王听后，很受触动，破例对子革长长一揖，然后默默地走进了营帐。送上饭来不吃，晚上也辗转反侧，难以入睡。

一连几天，灵王寝食难安，但不知道为什么，他迟迟没有下达回国的命令，直到噩耗传来。

率先发难的是原蔡国大夫归生之子朝吴和他的“副手”观从。发难的目的是，趁灵王在乾谿流连忘返之际，复立蔡国。

于是两人以熊弃疾的名义召来公子子干和子皙，强迫他们加入反对楚灵王的队伍。在观从等人的号召和蛊惑下，那些在灵王上台后大权旁落或者没了财产的人一哄而起，抄了灵王后路。熊弃疾则派人秘密潜入楚都，杀死了太子禄等人。随后，众人拥立公子子干为王，公子子皙为令尹，公子弃疾则不顾手下任让他称王的建议，做了司马。

熊弃疾上任后，命人立即打扫王宫，又派观从秘密来到乾谿和军队将领们接触，告诉他们国内发生的一切，并以新任国君的名义发布命令说：“先回国的一如从前，后回国的割鼻子。”

灵王的军队一听，纷纷做了逃兵。而此时，灵王还醉卧风景美丽的乾谿之台，乐不思楚。

当灵王听到儿子们的死讯，自己摔倒在车下，放声大哭。哭罢多时，还矫情地问侍从：“别人爱自己的孩子，也像我这样吗？”

此时，侍从也全没有了以往的恭顺，回答说：“超过你很多。就说我吧，年纪大了却没有儿子，死后会被扔到沟壑里去的。”

楚王流下了悔恨的泪水说：“我杀了那么多人的儿子，今天走到这一步，不是报应吗？”

穷途末路之际，右尹子革提出了三条出路：其一，等在郊外，听国人们如何选择。楚王摇头说："众怒难犯。"其二，先去大的县邑，再向诸侯借兵。楚王苦笑说："都背叛了。"其三，到大国去请求"政治避难"，听从大国的安排。楚王绝望地叹息说："那是自取其辱。"

子革等人见灵王心神已乱，一走了之。最终，常自称寡人的楚灵王真的成了孤家寡人，自缢身亡。

此时，楚都人尚不知道灵王自杀的消息，又担心残暴的灵王反攻倒算，很多人惶惶不可终日。狡猾的熊弃疾抓住了这一难得的机遇。一天晚上，弃疾派人撑着船在长江岸边边跑边大喊说："灵王回来了。"

消息一传十，十传百。楚都陷入了严重的惊骇之中。熊弃疾又派蔓成然装作惊慌失措的样子跑到宫里，吓唬子干和子皙说："灵王到了，百姓要嚷嚷着杀你们。你们快想办法吧。"说完，又一溜烟跑出了王宫。

子干和子皙本来就胆小，又多次见识了二哥的残暴，选择了自杀。

于是，熊弃疾笑到了最后，当了楚国新一任国君，是为楚平王熊居。熊居上任后，第一件事就是杀死了一个囚犯，给他换上楚王的衣服，让尸体在汉水中漂流，造成灵王溺水而死的假象。

国学经典欣赏

楚子城陈、蔡、不羹。使弃疾为蔡公。王问于申无宇曰："弃疾在蔡，何如？"对曰："择子莫如父，择臣莫如君。郑庄公城栎而置子元焉，使昭公不立。齐桓公城谷而置管仲焉，至于今赖之。臣闻五大不在边，五细不在庭。亲不在外，羁不在内。今弃疾在外，郑丹在内，君其少戒！”王曰：“国有大城，何如？”对曰：“郑京、栎实杀曼伯，宋萧、亳实杀子游，齐渠丘实杀无知，卫蒲、戚实出献公。若由是观之，则害于国。末大必折，尾大不掉，君所知也。”

——《左传·昭公十一年》

59

死后还被鞭三百的楚王

掘墓鞭尸

上一回说到，楚公子熊弃疾笑到最后，成了楚国新一任国君。

熊弃疾即位后，迅速实施了一系列邀买人心、休养生息的政策，楚国的经济社会事业得到了长足发展。

首先，平王重新让陈、蔡复国，归还侵占的郑国土地。让灵王时被迫迁居的许、胡、沈等六个小国的民众重返故地。其次，赏赐有功之臣，取消苛政、赦免罪人、举拔被废弃的官员，信守诺言五年未对外用兵，而楚国的政治规矩是“国君三年不对外用兵，葬礼规格降等”。

最让人称道的是，平王亲自召见了当初建议子干除掉自己的观从，说：“你有要求尽管提，我都会答应。”观从没有起贪心，他说：“小臣的祖父是卜尹的助手。”平王就提拔他做了卜尹。

平王如此仁爱，楚人大悦。

不过，祸患早已埋下。

话说当年，平王在蔡地任职时，与一位官员的女儿私奔，并生了一个儿子——太子建。

平王即位后，特地派伍奢（伍子胥的父亲）做太子的老师，费无极（一称无忌）做少师。但是太子建不喜欢费无极，费无极很恼恨，起了歹毒心思。

一天，费无极假装关心地对平王说：“太子十五岁了，该娶亲了。”平王点头答应，派无极去秦国提亲，借机交好秦国。

秦女非常漂亮。费无极眼珠一转，先行一步跑回楚国对平王说：“秦女太漂亮了，您可以自己留下，为太子另娶一个。”平王听了心里直痒痒，于是就“虚心纳谏”，让准儿媳做了老婆，生下儿子珍。

平王有了新欢，把蔡女丢在了脑后，连带太子建也受到冷落。四年后，在费无极的建议下，太子建被外放城父，为楚国戍边。

太子不在身边，费无极趁机进谗言说：“我把秦女送到您后宫，太子便十分怨恨我，当然也非常恨您。现在他在外边拥兵自重，正招兵买马，结交诸侯，要造反啦。”

平王一听，命人囚禁了伍奢，并要诛杀太子，太子听到风声，逃亡宋国。

伍奢被囚，费无极决定进一步斩草除根，于是对平王说：“伍奢有两个儿子，留着会是祸害，可以用伍奢免死为诱饵，召他们前来，一起杀死。”

平王言听计从，打发使者见伍奢，让他写信叫儿子前来。伍奢说：“我知道大王的意思，我也答应让两个儿子来领罪。我家老大伍尚憨厚正直，敢为节义而死，一定会听我的话。但是二儿子伍员（伍子胥）聪慧有谋略，勇猛而喜功，知道来了就是个死，绝对不会来，不仅不会来，而且还可能成为楚国的大麻烦。”

知子莫如父。使者送信到伍奢家，全家哭作一团。哭罢多时，伍尚决定陪父亲去死，伍子胥则决定立即逃亡。

再说楚平王，平王在位十三年，应该说除了被坏人蒙蔽逼走太子，杀了伍奢造成“宫廷内乱”外，几乎没再做其他邪恶的事情，而且执政期间，也没有像他的先祖那样四处用兵，所以他死后谥号为平，以褒扬为主，也算确切。

但就是这样一个“好人”，在他治下十余年，楚国却继续走向衰退的泥沼，而且贪腐横行。

楚平王虽然位居权力的金字塔，没有犯下多少“极端之恶”，但放弃了自己对国家和民众的责任，成了“平庸之恶”的践行者。

一方面，他聪明过人，知道哪些举措可以迅速收买人心，另一方面又痴迷于权力带来的极度快感，对于危及他权力的人，必除之而后快，不容有一点闪失。

比如，他起先任命有汗马功劳的蔓成然为令尹，但后来蔓成然居功自傲，与当时的巨富养氏争利，平王感觉是威胁，于是毫不留情地将蔓成然和养氏一家全部诛杀，但又任命蔓成然的儿子为郧公，表示不忘斗氏的功劳。

《淮南子·主术训》有言，“人无善志，虽勇必伤”。楚平王看似做了一些好事，比如取消苛政、整顿吏治、打击贪腐……但他的初衷不是为了民众利益，而是为了牢牢掌控权力。所以平王在位十几年，官员们收敛起政治野心，转而“闷头发大财”，整个国家看似波澜不惊，实则在慢慢溃烂。

除此之外，楚平王还有一个心病。为了当上国君，他设计害死了两个善良的哥哥。因为贪图美色，他抢了儿子的女人。因为疑心儿子也像自己一样图谋不轨，他逼走了儿子，杀死了能臣伍奢……

结果儿子横死国外。逃亡吴国的伍子胥则成了楚国的“不定时炸弹”。连自己曾经的枕边人太子建的母亲都投靠了吴国……

面对在伍子胥鼓动下越来越咄咄逼人、不断攻城略地的吴国，楚平王悔青了肠子，更愧对自己的亲人。

公元前516年，平王郁郁而终，在病榻前哭泣的是自己年幼的儿子珍等人。

最令人叹息的是，他死后十年，国都被伍子胥等人带兵攻破。此时，楚昭王已经仓皇出逃，伍子胥遍寻不着，将怒气撒在了死人身上。下令掘开楚平王的坟墓，将其尸体鞭打了三百下。当然，也有史书记载说，伍子胥仅仅是将楚平王的坟墓打了三百鞭。但无论怎样，作为一方诸侯，这种耻辱待遇绝对是空前的。

平王如泉下有知，肯定死不瞑目，但又怪谁？！

司马迁评论说：“弃疾以乱立，嬖淫秦女，甚乎哉，几再亡国！”

而笔者以为，司马公没有说到点子上，楚国几乎灭亡的主要原因并非楚平王“以乱立”和娶了准儿媳，而是重用了乱臣贼子费无极。

国学经典欣赏

始伍员与申包胥为交，员之亡也，谓包胥曰：“我必覆楚。”包胥曰：“我必存之。”及吴兵入郢，伍子胥求昭王。既不得，乃掘楚平王墓，出其尸，鞭之三百，然后已。

——《史记·伍子胥列传》

60

遭遇灭国危机又富国的楚王

倒行逆施

公元前 516 年九月，楚平王去世。不满十岁的太子珍继位，是为楚昭王。

自昭王即位后，楚国的邻居吴国没有一年消停，数次攻打楚国（楚自昭王即位，无岁不有吴师）。

其实，这些兵祸都是昭王的父亲平王重用了费无极（无忌）惹下的。楚平王听信费无极的谗言，逼死太子建，杀害伍奢及其大儿子伍尚，逼走伍子胥。现在费无极还不消停，又盯上了正直和善、国人皆喜的大夫郤宛一家。

当年为了让儿子避祸，伯宗夫妻二人提早布局，使儿子伯州犁免遭“三郤”毒手，逃亡到了楚国。来到楚国后，伯州犁被委任为大夫，但最终也没有逃脱被杀戮的命运，死在了楚灵王之手。

楚昭王即位后，感念伯州犁的功劳，起用他的儿子郤宛担任了左尹。

郤宛一心为国，深受昭王信任，却引来了小人的嫉恨和暗算，被费无极和右领鄢将师借令尹子常之手诛杀全族，郤宛也愤而自杀。

这件惨案引起国人议论纷纷，怨气冲天。

为了平息国人的怒火，子常下令将费无极和鄢将师全部灭族。费无极终于受到了应有的惩罚，但这个贼子造成的恶果仍在不断发酵。郤宛之难中，他的儿子伯嚭侥幸逃到了吴国，并做了吴国的宰相，是为太宰嚭。就这样，与楚国有血海深仇的伍子胥和伯嚭同仇敌忾，对楚国发动了连绵不断的复仇之战。

出来混早晚要还的。公元前506年，楚昭王十年春天，酝酿多年的暴风骤雨终于来了。在蔡国的请求下，在周王室代表刘文公的召集下，晋国联合齐国、鲁国等十七个诸侯国决定联合伐楚。

这厢十八个诸侯国还在为会盟细节吵闹，那厢吴国早已按捺不住，联合蔡昭侯和唐成公组成联军，由伍子胥、孙武子指挥，溯淮水而上，后又弃舟登岸，从陆路自豫章气势汹汹向汉阳逼近。

楚军则在令尹子常的带领下渡过汉水迎击吴军。但是由于子常贪婪不仁，楚国政令失常，楚军毫无斗志，双方自小别山战至大别山，楚军三战三败。

随后，吴楚两军又在柏举摆开战场。吴王阖庐的弟弟夫槩带领五千人率先向子常发起攻击，楚军一败涂地，子常狼狈逃亡，后死在郑国。

吴军则越战越勇，经过五次战斗，楚都郢被攻破，楚昭王带着妹妹季芈狼狈出逃。

在睢水边，为了击退尾随而至的吴军，昭王命令鍼尹固在大象尾巴上点起火把，迫使象群冲击吴军，趁机逃之夭夭。楚昭王渡过睢水和长江，进入云梦泽湖区。被郧公辛和弟弟怀派人保护着他跑到了随国。

紧追不舍的吴军闻讯而至，吴王阖闾以汉水以东的土地为诱饵，并以楚国全部消灭了周朝在汉水的所有子孙为由，让随国交出昭王。这次，幸运之神再次光顾了昭王，随国没有答应，吴军无功而返。

昭王很幸运，但是都城郢却陷入了水深火热之中。郢都沦陷后，王宫的财宝和女人，大夫家的财产和女人全都成了吴人的战利品。更惨的是楚平王。伍子胥为了报杀父之仇，命人刨坟掘墓，将平王尸身挖出，亲自手执铜鞭，将平王鞭尸三百，打了个稀巴烂。饶是如此，伍子胥还为平王早死、自己不能亲刃仇敌而痛哭不已。

就在伍子胥在楚国快意恩仇的时候，他先前的楚国好友申包胥正逃难于山中。

当年，伍子胥出逃时，曾经和申包胥匆匆相见，当时伍子胥发誓说："我一定会颠覆楚国。"申包胥没有告发好友，只是说："你努力去做吧，你能颠覆楚国，我就能复兴楚国。"

如今，昔日好友果真实现了誓言，但又太过疯狂。于是他写信给伍子胥说："您这样报仇太过分了。我听说人多了可以胜天，但天定也能破人。你毕竟曾经是平王的臣子，这样侮辱一个死人，难道不是太伤天害理了吗？"听到昔日好友责备，伍子胥对来人说："我就不写信了，请你转告我的老朋友，就说我伍子胥是日暮途远之人，不得不倒行逆施。"

申包胥见说不动伍子胥，就跑到秦国祈求发兵说："吴国人贪得无厌，如果吞并了楚国，也一定会威胁秦国。"秦哀公不为所动，派人出来说："寡人知道了。您先去馆舍休息，我们商量好了就答复您。"申包胥说："我们国君逃亡在荒草丛林中，连个落脚地也没有，我怎么敢去休息。"使者进宫回话，却再也不见人影。绝望中，申包胥靠着院墙放声大哭。

刚开始，哀公不以为然，以为他哭一会儿就灰溜溜走了。哪知道申包胥越哭越带劲，深更半夜了还在嚎。整日沉湎于酒席之欢的哀公被哭得心烦，就派人劝他别哭了，哪知道申包胥就问一句“派不派兵”，回答说“不派”，申包胥接茬就哭。谁也没有想到，申包胥这一哭就是七天七夜。《左传》记载说他“日夜不绝声，勺饮不入口七日”。终于秦哀公被感动了，决定发兵救楚，并赋诗《无衣》曰“岂曰无衣，与子同袍……岂曰无衣，与子同泽……”后世军人以“袍泽”互称，即源于此。

秦人出兵，战场形势立刻为之一变。在接下来的战斗中，吴国胜少败多，加上国内政局不稳，吴王阖闾只好班师回国。

楚昭王绝处逢生，大行封赏。申包胥坚辞不受，远逃他乡。但吴国的灾难才刚刚开始。

国学经典欣赏

申包胥亡于山中，使人谓子胥曰：“子之报仇，其以甚乎！吾闻之，人众者胜天，天定亦能破人。今子故平王之臣，亲北面而事之，今至于僇死人，此岂其无天道之极乎！”伍子胥曰：“为我谢申包胥曰，吾日莫途远，吾故倒行而逆施之。”于是申包胥走秦告急，求救于秦。秦不许。包胥立于秦廷，昼夜哭，七日七夜不绝其声。秦哀公怜之，曰：“楚虽无道，有臣若是，可无存乎！”乃遣车五百乘救楚击吴。六月，败吴兵于稷。

——《史记·伍子胥列传》

61
越国的复兴
卧薪尝胆

吴国和越国世代为仇。

公元前544年，吴王馀祭攻打越国后，把一些俘虏编入军队服役，结果在一次视察中，馀祭被貌似恭顺的俘虏刺杀。公元前505年，吴国重兵攻打楚国，越国趁吴后方空虚突然发难，被吴分兵击退。公元前496年，吴王阖闾趁着越王允常去世，太子勾践新立，不顾伍子胥等人反对，发动了对越之战。双方在槜李摆开阵势。越王勾践看到吴军军容严整，无机可乘，再次动起了“鬼点子”。他首先派出敢死队发起冲锋，试图扰乱吴军阵形，没有成功。一计不成，勾践又派出一伙罪犯，让他们排成三行，在阵前慷慨陈词后挥剑自杀。趁吴军看得愣神之际，勾践一声令下，越军迅猛出动，一下将吴军打了个七零八落。混战中，越军先锋灵姑浮用长戈刺中了吴王阖闾，阖闾脚部受伤，丢下一只鞋子狼狈逃窜，死在了回军途中。

阖闾死后，太子夫差即位，他任命伯嚭为太宰，和伍子胥一起日夜教习军队战射，准备复仇。

听说吴人日夜练兵，伺机报仇，年轻气盛的越王勾践不听范蠡的劝谏，决定先发制人攻打吴国。吴王夫差听说后，动用全国的精锐部队迎击越军。吴军群情激奋、同仇敌忾，在夫椒将越军全线击溃，勾践只带领五千多名残兵败将退守会稽山。吴军尾随而至，将会稽团团包围。穷途末路的勾践悔青了肠子，决定自杀，被范蠡等人劝下。

经过一番商量后，勾践派大夫文种和吴国讲和。文种进入吴国大营，双腿跪地，膝行向前请求吴王说："亡国之臣勾践请求做您的奴仆，他的妻子做您的侍妾。"吴王夫差忽然心软了，要答应越国的请求。伍子胥连忙阻拦说："这是上天把越国赐给吴国，千万不能答应。"

文种怏怏而回。勾践决定杀死妻儿，焚毁财物，带领全体将士发起自杀性攻击，被文种拦下。文种说："我看伯嚭这人十分贪婪，我们可以用财物美色贿赂他，让他居间调停。"

伯嚭收受贿赂后同意去劝说夫差。就这样，在伯嚭的劝说下，吴王夫差饶恕了越王勾践。

为了保命，勾践发挥了超乎常人隐忍的能力。最初，吴王夫差命人在阖闾的墓旁筑起石室，将勾践夫妇贬入其中，去掉衣冠，当起了马夫。三人（包括范蠡）蓬头垢面、粗茶淡饭，苦不堪言。勾践夫妇毫无怨言。每逢夫差驾车出游，勾践必手持马鞭侍奉左右。一路上，好奇的吴人指指点点，纷纷围观，勾践只低头而行，毫无愠色。更令人瞠目的是，为了取得吴王的充分信任，勾践在夫差生病时，竟亲尝其粪便，然后恭贺说，大王即将痊愈。果然不久之后夫差病愈，开始对勾践另眼看待。

历经了一千多个日夜的煎熬和挣扎，终于这一天，吴王夫差不顾伍子胥的强烈反对，下令赦免勾践回国。

勾践回国后，立刻开始了谋划已久的复仇大计。大臣文种适时献上了“破吴七计”：

捐货币，以悦其君臣；贵籴粟槁，以虚其积蓄；遗美女，以迷其心志；遗之巧工良才，作宫室，以罄其财；遗之谀臣，以乱其谋；强其谏臣使自杀，以弱其辅；积财练兵，以承其弊端。

简单说来，这几条计策的意思是鼓励吴国大建宫室虚耗财力，少种或不种庄稼，让贪官治国，让美女上位，越国则大力发展生产，加强军事建设，伺机消灭吴国。

勾践一一照办。为了警示自己不忘复仇，勾践睡柴草枕兵器，并在座位旁悬挂苦胆，坐卧和饮食时都尝尝苦味，问自己是否忘记了会稽之耻。繁忙的公务之余，勾践“身自耕作，夫人自织，食不加肉，衣不重彩，折节下贤人，厚遇宾客，振贫吊死，与百姓同其劳”。

为了消除吴国的戒心，越国在偷偷练兵之余，每月都向吴国派出使者向吴王问候，随行的是令人眼花缭乱的财宝，间或还有美女。与此同时，越国以结交齐国、亲近楚国、归附晋国为目标，开展了一系列外交活动，营造了良好了外部环境。

公元前 482 年，吴王夫差率精锐北上，与晋国等诸侯在黄池争夺中原霸主之位。早已磨刀霍霍的越王勾践趁机偷袭吴国，俘虏吴太子友等人。

为了不让诸侯们知道其后院起火，夫差在大帐亲手砍杀了七个来报信的使者。随后夫差派出使者带着厚礼和越国讲和。勾践在权衡后，觉得暂时无力灭亡吴国，点头答应。

前 478 年，越国再次对吴国发起歼灭战，此时的吴国精锐部队已经在攻伐齐、晋的战斗中消耗殆尽，只能被动防守，终于全线溃败。

已是强弩之末的吴王夫差派出公孙雄肉袒膝行向越王勾践求和。勾践不忍，要答应夫差，被范蠡劝阻。勾践还在犹豫，范蠡下令鸣鼓进军，对公孙雄说：“少废话，赶快滚，否则对你不客气。”公孙雄痛哭而去。越王勾践很可怜公孙雄，就派人对夫差说：“我可以安置您到甬东，统治一百家。”夫差绝望了说：“我已经老了，不能服侍越王了。”说完，自杀身亡。临死之前他遮住自己的脸说：“我无脸见伍子胥。”

吴国灭亡后，越国出兵北渡黄河，在徐州与齐、晋等诸侯会合，向周王室进献贡品。周元王派人将祭祀肉送给勾践，称他为伯。勾践开始号称霸王。一个南方新兴强国横空出世。

谁也没有料到的是，在举国同庆的日子，为越国复兴立下汗马功劳的范蠡悄悄离开吴国，跑到了齐国。不久，范蠡给昔日战友文种写来了一封信说：“飞鸟尽，良弓藏；狡兔死，走狗烹。越王这人长颈鸟嘴，可以共患难，不可以共享乐，你快离开吧。”

文种接信后，觉得很有道理，却又不甘心两手空空离去，于是称病不朝。但是勾践并没有放过他，一天，有人告发文种将要作乱。勾践就赏赐给文种一把剑说：“当初攻打吴国你教给我七条妙计，我用了三条就灭了吴国。现在还有四条在你那里，你替我到先王那里尝试一下吧。”

文种后悔没有听范蠡的话，含泪自杀。

国学经典欣赏

吴既赦越，越王勾践反国，乃苦身焦思，置胆于坐，坐卧即仰胆，饮食亦尝胆也，曰：“女忘会稽之耻邪？”身自耕作，夫人自织，食不加肉，衣不重采，折节下贤人，厚遇宾客，振贫吊死，与百姓同其劳。欲使范蠡治国政，蠡对曰："兵甲之事，种不如蠡；镇抚国家，亲附百姓，蠡不如种。"于是举国政属大夫种，而使范蠡与大夫柘稽行成，为质于吴。二岁而吴归蠡。

——《史记·越王勾践世家》

62

吴国的陨落

心腹之患

《尚书》说：“天作孽，犹可违；自作孽，不可活”。吴王夫差以国家和生命为代价证明了这一道理。其实早在夫差败亡之前，已经有很多人看出了苗头。

公元前 510 年夏天，吴国侵越。这本是一次不起眼的战争，但晋国太史墨说：“不到四十年，越国大概要占有吴国吧！越国得到岁星（木星）的照临而吴国进攻它，必然受到岁星降下的灾祸。”当然，史墨在搞封建迷信，不足为凭。

前 506 年，吴国败越，夫差应越国请求，要饶恕越王勾践。伍子胥坚决反对说：“去疾莫如尽。勾践善于笼络人心，而吴越世代为仇，今天留下越国，是违背天意助长仇敌，后患无穷。”夫差不听，伍子胥叹息说：“二十年之后，吴都就要变成池沼了。”

夫差打败越国后，开始对楚国、陈国用兵，以清算过去的恩怨，这引起了楚国大夫们的忧虑。子西却不以为然说：“夫差的老爹活着时，吃饭舍不得吃两道菜。在军中，煮熟的食物先分给士兵，他最后才吃。而夫差住豪华别墅、养嫔妃宫女，一心享乐，喜欢的东西一定要得到。在他眼中，老百姓就像仇人，没完没了地搜刮使唤，一定会先失败。”

前文提过，为了尽快战胜吴国，越大夫文种提出了“灭吴七计”，其中一条就是美人计。

这个身负特殊使命的女子叫西施，具体任务是，以美色迷惑吴王耽于享乐，挥霍国帑，消耗国力。

据说，西施原本是今浙江诸暨苎萝村一个打柴人家的女儿，有沉鱼之美。范蠡访得之后，勾践重金来聘，每天由专门的老师从声乐歌舞到一颦一笑进行全方位的魔鬼训练。

三年后，西施无论是外貌衣着还是精神气质，都与之前大相径庭。连陪同训练的侍女都出落得清新脱俗，仪态万方。每次西施坐着装饰华丽的香车外出，“所过街衢，香风闻于远近”。勾践闻讯大喜，择吉日良辰，命范蠡进献给夫差。

夫差一看西施，魂魄俱醉，特地下令让西施居姑苏之台，擅专房之宠，享妃后待遇。可怜的伍子胥还在喋喋不休地说什么“美女是亡国之物，大王不可接受”。夫差压根一个字也没听进去。为了取悦西施，夫差特命公孙雄建了一座“馆娃宫”，雕梁画栋、饰以珠玉，作为休闲娱乐之地。

随后几年中，馆娃宫又不断扩建，成为一座集水上娱乐、岸上食宿等于一体的风景区。夫差整日与西施流连其间，歌舞不休。

与此同时，在西施的魅惑和伯嚭的劝说下，吴王夫差不断返还先前占领的越国国土。越国综合实力不断提升，为最后灭亡吴国奠定了坚实的基础。

与传说中有了西施后沉迷酒色、不理国事不同，吴王夫差其实是一个有理想有追求的人，那就是做春秋霸主。

公元前490年，齐国君景公去世，主少国疑，权臣争斗，齐国陷入混乱之中。吴王夫差听说后，兴起了攻打齐国的念头，借机争霸中原。

伍子胥闻讯，十分焦急地说："勾践被释放回国后，连口好饭都舍不得吃，整天祭奠先人、接济老弱病残，他这是收买人心，图谋不轨，他才是心腹之患，此人不除，吴国将永无宁日。现在大王跑那么远的路去攻打齐国，实在太荒唐了。"

夫差不听，开始积极筹备逐鹿中原。前486年秋天，吴王夫差不顾国库空虚、民力疲惫，悍然下令开挖邗沟，打通淮河长江水路。由于工程量巨大，大量民工因伤病死亡，怨声载道。

公元前484年，夫差决定水陆并进，北上伐齐。

越王勾践闻讯后，特地带领大臣前来朝拜，并给上至夫差下至朝臣每人都送上了丰厚的礼物。举朝皆喜，只有伍子胥感到了深深的恐惧。他劝谏夫差说："勾践这是在豢养吴国骄气。越国和我们是近邻，他们显示出驯服的样子是为了实现欲望。而齐国远离吴国，即便如愿以偿，也不过像得到了一块石田，没有用处。"

吴王夫差听得心烦，就以出使为名打发伍子胥到齐国，免得他在身边唠叨。伍子胥万念俱灰，知道吴国已危在旦夕，于是借出使齐国之际，将儿子委托给了齐国的鲍氏。

公元前484年夏五月，吴王夫差联合鲁军在艾陵与齐军展开大战，齐国十万将士血染沙场，齐简公大惊，乞罪求和，夫差命鲁齐两国重修兄弟之好后，才得意扬扬返回吴国。

举国皆庆，唯独伍子胥忧心忡忡，太宰嚭趁机向夫差进谗言说：“伍子胥为人强横凶恶，没有情义。他几次劝谏您不要攻打齐国，幸亏您没有听，结果他心生怨恨，败坏、诋毁大王的事业，还假装生病不上朝。更过分的是，我接到密报了，这次他出使齐国，偷偷把儿子托付给了鲍氏，这可是叛国啊。”吴王夫差一听，勃然大怒，派人送剑给伍子胥逼他自杀。

伍子胥仰天长叹：“唉，谗言小人伯嚭要作乱，大王反倒要来杀我。我帮助您父亲称霸，帮助您当上太子。那时您说要把吴国分给我一份，我都没有动心，现在你却要杀我这个长辈。”伍子胥对门客说：“我死后，你们把我的眼珠挖出来，放在都城的东门楼上，我要看看越寇怎样进入都城，灭掉吴国。”说完，挥剑自杀。夫差听后大发雷霆，命人将伍子胥装进皮袋子里，扔进江中随波逐流，吴人闻之，无不落泪。

此后，夫差内政外交昏招迭出，以至于后来越国围攻吴国三年，诸侯各国几乎全在冷眼旁观，无一援手。而可怜的夫差，直到自己挥剑自杀的那一刻，才想起伍子胥的焦虑与忠诚，可惜晚了。

国学经典欣赏

吴将伐齐，越子率其众以朝焉，王及列士皆有馈赂。吴人皆喜，惟子胥惧，曰：“是豢吴也夫！”谏曰：“越在我，心腹之疾也。壤地同而有欲于我。夫其柔服，求济其欲也，不如早从事焉。得志于齐，犹获石田也，无所用之。越不为沼，吴其泯矣。使医除疾，而曰‘必遗类焉’者，未之有也。《盘庚之诰》曰：‘其有颠越不共，则劓殄无遗育，无俾易种于兹邑。’是商所以兴也。今君易之，将以求大，不亦难乎？”弗听，使于齐，属其子于鲍氏，为王孙氏。反役，王闻之，使赐之属镂以死，将死，曰："树吾墓梵檟，檟可材也。吴其亡乎！三年，其始弱矣。盈必毁，天之道也。"

——《左传·哀公十一年》

63
三家分晋的序幕
士为知己者死

公元前 403 年，春秋列强之一的晋国发生了一起深刻影响了中国历史走向的大事件——

周威烈王“强颜欢笑”，任命来自晋国的三位大夫跻身诸侯之列。

北宋司马光的编年体史书《资治通鉴》把这一事件作为开篇之作：“初命晋大夫魏斯、赵籍、韩虔为诸侯”。（《周纪一·威烈王二十三年》）

至此，曾经的春秋列强——晋国事实上已经不复存在，永远走进了历史深处（晋国彻底消失是在公元前 375 年，韩、赵、魏三国瓜分了它仅余的土地）。

这一历史事件也是史学界公认的春秋战国的分野，当然也有个别不同看法。

草灰蛇线，伏脉千里。

时光回溯到公元前 633 年，晋文公重耳为了构建晋国行政运作的四梁八柱，特建三军设六卿，由此，六卿开始掌控国家军政大权。实事求是地说，“三军六卿”制为晋国的强大立下了汗马功劳，但所谓有一利就有一弊，该制度最终成了晋国的“掘墓者”。

春秋末期，随着诸侯争霸，许多小诸侯国灰飞烟灭。与此同时，一些国家君权旁落，被强势崛起的大家族取而代之，其中最典型的事件就是三家分晋和田氏代齐。而三家分晋的导火索，从一个聪明人的愚蠢之举开始，此人叫智瑶。

智瑶是晋国末年“四大家族”中势力最强的智氏家族的首领。当年，他的老爹智宣子想立继承人，第一人选就是智瑶。说来智瑶的确是难得的人才，不仅长得帅，而且文武双全、聪明过人、能言善辩、坚毅果敢。

但族人智果却不同意，说智瑶有五大优点，但有一个致命的缺点“甚不仁”，如果立智瑶为首领，智氏必定灭族。智宣子认为这纯粹是胡说八道，置之不理。智果于是向内史写“申请”脱离智氏，另立为辅氏。不得不说，这世上真有聪明人，后来智氏被灭族，“唯辅果在”。

智瑶“接班”后，随着地位稳固，开始目中无人。一次，智瑶和韩康子、魏桓子在蓝台饮宴。席间智瑶竟然多次戏弄韩康子，并侮辱他的家相（大管家）段规。

智瑶的家臣听说后劝他悠着点，说这是取祸之道，智瑶大笑说：“人的生死灾祸都取决于我，我不收拾他们就谢天谢地了，他们还敢兴风作浪？”

随着智瑶自信心一天天爆棚，其贪婪之心也日益膨胀。一天，他叫来“软柿子”韩康子，向人家要地。韩康子觉得肉疼，打算拒绝，家臣段规说：“这家伙贪财好利、刚愎自用，如果不给，一定会立刻攻打我们，不如先迎合他，让他更加狂妄，早晚有人收拾他。”韩康子答应了，派使者给了智瑶一个有上万户居民的封地（万家之邑）。

智瑶大喜，又再接再厉向魏桓子“请地”。魏桓子真心舍不得，家臣任章说：“《周书》说，将与败之，必姑辅之；将欲取之，必姑与之。我们给他土地，他必定骄傲轻敌，还会四处索取，别人不给，他必定用兵，那时候他的败亡就不远了。”魏桓子觉得有理，咬咬牙也给了智瑶万家之邑。

地盘来得如此容易，智瑶的贪欲愈发膨胀，又向赵襄子要求蔡和皋狼之地。没想到这次碰上了硬茬，被一口回绝。智瑶勃然大怒，拉上韩、魏两家的甲兵三比一“群殴”赵襄子。

赵襄子势单力薄，想要出逃。眼前有三条出路：城高墙厚的长子城、粮仓充盈的邯郸城和尹铎驻守的晋阳城。赵襄子选择了晋阳。

赵襄子的父亲是大名鼎鼎的赵简子，就是寓言故事《中山狼传》中，把狼追得说了人话的家伙。

赵简子有两个儿子，长子伯鲁，幼子无恤。赵简子想立继承人，却不知道哪一个更好，于是想了个主意，把自己的日常训诫写在竹简上，让两个儿子记诵。三年后，赵简子叫来两个儿子现场“考核”，大儿子伯鲁早把训诫丢到脑后，而小儿子无恤不仅对答如流，还一直保存着父亲赐给的竹简。

在选定无恤（赵襄子）作为继承人后，赵简子又叫来亲信尹铎，让他到赵氏的封地晋阳任职。尹铎问：“您让我去是搜刮财富呢，还是将晋阳作为保障之地？”赵简子说：“作为保障（之地）。”于是，尹铎到了晋阳后变着法子减征赋税，受到民众热烈欢迎。深谋远虑的赵简子生前特地提醒无恤说：“万一哪天晋国乱了，一定以晋阳做归宿。”

赵襄子逃亡晋阳，智、韩、魏尾随而至。在一年多的时间中，赵襄子四门紧闭，只以弓箭御敌。三家久攻不下，于是引来汾水灌城。

汾水汹涌而来，堪堪漫过晋阳城墙。城内居民的灶台都被泡塌，甚至爬出了青蛙，但是满城民众抗战到底，毫无叛意。

赵襄子坐卧不安，智瑶却开心不已。这天，魏桓子当“司机”，韩康子做“保镖”，跟从智瑶巡视“前线”。智瑶看着泡在水中的晋阳城扬扬得意地说：“看到了吧？今天我才知道水可以亡国。”魏桓子一听，用胳膊肘顶了下韩康子，韩康子踩了下魏桓子，因为两家的都城也分别在汾水和绛河的威胁下。

视察归来，谋士疵对智瑶说：“您可要小心，韩魏两家要反叛了。”

智瑶问：“你怎么知道？”

“我从常情推断的。韩魏两家帮忙攻打赵家，赵家亡了，就轮到他们两家。现在晋阳城泡在水里，连马都快吃光了，破城指日可待，但是两人不仅不高兴，反倒面有忧色，所以肯定要反叛了。”

智瑶觉得有些道理，就当面追问韩、魏二人，两人装出一副不可思议的神情辩解说：“这一定是离间的小人为赵家游说，晋阳城破在即，赵家的封地马上到手，我们怎么傻到去冒险？”

二人告辞离开，疵进来问智瑶说：“主公怎么把我的话告诉他们了？”

智瑶惊讶地问：“你怎么知道？”

“刚才我在门口碰见了，两人认真地看我后匆忙离去，因为知道我看穿了他们心思。”

智瑶不以为然，疵知道智瑶必败无疑，于是请求出使齐国，溜之大吉。

就在智瑶沉浸在即将大获全胜的喜悦之中时，走投无路的赵襄子决定冒险一试。

一天深夜，赵襄子派亲信张孟谈涉水出城，找到韩、魏二人，晓以利害说："唇亡则齿寒，赵家灭亡了，下一步就是韩魏两家。"韩魏两人正为此事发愁，于是三家一拍即合，约定了进攻智瑶的日期。

约定的日子来了，当天晚上趁智瑶的守军不备，赵襄子派人占领了汾水决口处，改道反灌智瑶大营。随后，韩、赵、魏三家联军对智氏军队发起猛烈攻击。

智瑶在梦中醒来，还未来得及反抗，就被乱刀砍杀在水中，随后，整个家族亦被尽数剿灭。

智瑶死了，他的头颅被恨之入骨的赵襄子做了饮水的漆器，因为智瑶不仅攻打赵家，此前还曾多次劝赵简子不要立他当继承人。

智瑶生前有一个很器重的手下——豫让。智氏灭族后，豫让逃到山中，一心为他复仇。为了接近赵襄子，豫让更名改姓，伪装成受过刑罚的人，应聘到赵襄子家修厕所，伺机行刺。赵襄子如厕，忽然心中悸动，立刻下令拘捕所有修厕之人进行审问，豫让暴露。手下人要杀豫让，赵襄子没有答应说："他是个贤人，我以后小心避让就是了。"

豫让没有死心，不久之后，他开始自我"整容"，具体方法是：把漆涂在身上，让皮肤溃烂；吞下火炭让嗓子变哑……经过一番折腾后，豫让在街上行乞，连妻子都没有认出来。

一天，赵襄子骑马外出，豫让早早埋伏在桥下。襄子来到桥上，马突然受惊，赵襄子说："豫让一定就在附近。"手下人一搜，果然是豫让。赵襄子不高兴了，说："你曾经侍奉过范、中行氏，后来才侍奉智瑶，为什么范、中行氏死了，你毫不在意，智瑶死了你却一门心思报仇？"豫让说，士为知己者死，女为悦己者容。范、中行氏以普通人看待我，我以普通人来报答。智伯以国士礼遇我，我以国士之礼报答他。”

赵襄子流着泪叹息说：“唉，豫让先生啊，你为智伯报仇，已算成名了。我也宽恕过你，也足够了，这次不能饶恕你了，你安排下后事吧。”

豫让感激地对赵襄子说：“我罪有应得，但有一个请求，能否赏给我一件您的衣服，我刺几下，满足我复仇的心愿。这样死后，我可以报答智伯于九泉之下，没有遗憾了。”

赵襄子答应了，让人拿着自己衣裳给豫让。“豫让拔剑三跃而击之”，而后挥剑自刎。

消息传来，连很多赵人都流下了感动的泪水。

国学经典欣赏

豫让者，晋人也。故尝事范氏及中行氏，而无所知名。去而事智伯，智伯甚尊宠之。及智伯伐赵襄子，赵襄子与韩、魏合谋灭智伯，灭智伯之后而三分其地。赵襄子最怨智伯，漆其头以为饮器。豫让遁逃山中，曰：“嗟乎！士为知己者死，女为说己者容。今智伯知我，我必为报仇而死，以报智伯，则吾魂魄不愧矣！”乃变名姓为刑人，入宫涂厕，中挟匕首，欲以刺襄子。襄子如厕，心动，执问涂厕之刑人，则豫让，内持刀兵，曰：“欲为智伯报仇！”左右欲诛之。襄子曰：“彼义人也，吾谨避之耳。且智伯亡无后，而其臣欲为报仇，此天下之贤人也。”卒醳去之。

——《史记·刺客列传》